AF134784

Francese

Primi passi

di
Estelle Demontrond-Box

traduzione e adattamento in italiano di
Francesca Melle

Assimil Italia s.a.s.
C.P. 80 - 10034 Chivasso (TO)
info@assimil.it

www.assimil.it

          ISBN: 978-88-85695-41-2

In questo quaderno

Concepiti per chi ha da poco iniziato lo studio del francese, i 20 capitoli di questo quaderno, che contengono circa 200 esercizi, vi permetteranno di imparare e praticare progressivamente le basi della lingua, dalla pronuncia al lessico, attraverso la costruzione di frasi semplici.

Ogni capitolo è incentrato su un argomento grammaticale come la coniugazione verbale e i suoi usi, le parti del discorso e la struttura della frase, e include sempre la pronuncia figurata delle parole nuove. Gli esercizi consentono di fissare i punti studiati in maniera attiva e contestuale, senza dimenticare il divertimento: il quaderno intende aiutare ad assimilare i rudimenti della lingua francese in modo preciso ma leggero.

Il quaderno vi dà anche la possibilità di autovalutarvi: dopo aver svolto ogni esercizio e verificato la soluzione (da pagina 120), disegnate l'espressione dell'icona che compare sulla destra: ☺ se la maggior parte delle risposte è esatta, ☹ se è corretta circa la metà, ☹ se lo è meno della metà. Alla fine di ciascun capitolo, riportate nello schema il numero di icone relative agli esercizi e, alla fine del quaderno, calcolate il totale riportando le icone dei capitoli nello schema generale di pagina 128!

Indice

1
Alfabeto e pronuncia
(accenti, lettere mute, *liaison*)

L'alfabeto *(L'alphabet)*

L'alfabeto francese consta di 26 lettere.

A	[a]	G	[že]	M	[Em]	S	[Es]	Y	[i gREk]
B	[be]	H	[ash]	N	[En]	T	[te]	Z	[zEd]
C	[se]	I	[i]	O	[o]	U	[ü]		
D	[de]	J	[ži]	P	[pe]	V	[ve]		
E	[ë]	K	[ka]	Q	[kü]	W	[dublë ve]		
F	[Ef]	L	[El]	R	[ER]	X	[iks]		

- Notate che all'inizio la lettera **j** francese [ži] può essere confusa da un italiano con la **g**, che invece si dice [že].
- Per pronunciare il suono [ë], che corrisponde alla vocale **e**, occorre pronunciare [e] ma con le labbra nella posizione di [o]: oggi non è quasi distinguibile da [œ].
- Per pronunciare il suono [ü], corrispondente alla vocale **u**, bisogna pronunciare [i] disponendo le labbra come per pronunciare [u].

I saluti *(Les salutations)*

bonjour [bo^{n}žuR]	*buongiorno / salve / ciao*
salut [salü]	*ciao / salve*
bonsoir [bo^{n}swaR]	*buonasera*
bonne nuit [bOn nüi]	*buonanotte*
à bientôt [a bjE^{n}to]	*a presto (**bientôt** presto)*
au revoir [o R(ë)vwaR]	*arrivederci*
monsieur [mësjø]	*signore, signor*
madame [madam]	*signora*
mademoiselle [madmwazEl]	*signorina*
Je m'appelle… [žë mapEl]	*Mi chiamo…*
bienvenue [bjE^{n}v(ë)nü]	*benvenuto/a/i/e*
Ça va ? [sa va]	*Come va? / Tutto bene?*

Nei box verdi dedicati al lessico, le consonanti in **rosso** sono mute. La **e** muta finale non viene segnalata.

1 Dite questi nomi propri francesi lettera per lettera (ossia fatene lo "spelling"), aiutandovi con la tabella della pagina precedente.

M-A-R-T-I-N-E
X-A-V-I-E-R

G-I-L-L-E-S

J-O-S-E-P-H
P-A-T-R-I-C-K

Se la vocale accentata è maiuscola, può recare l'accento grafico oppure no: **Élise** o **Elise**. Idem per la scrittura in stampatello: **ÉTÉ** o **ETE**.

L'accento tonico

È molto facile: in francese cade sempre sulla vocale contenuta nell'ultima sillaba (**panorama** [panORam<u>a</u>] *panorama*), che può anche essere la vocale forte di un dittongo: **travail** [tRav<u>a</u>j]. Tuttavia, se l'ultima è una **e** muta, l'accento cade sulla penultima vocale: **jeune** [ž<u>œ</u>n].

2 Collegate ogni parola o espressione francese al suo equivalente italiano.

MONSIEUR   AU REVOIR   BONJOUR   BONNE NUIT   MADEMOISELLE   SALUT   À BIENTÔT

BUONGIORNO   CIAO   BUONANOTTE   A PRESTO   SIGNORE   ARRIVEDERCI   SIGNORINA

3 Abbiamo mescolato le lettere di alcune parole che avete imparato! Riordinatele e poi scrivetene la traduzione italiana.

Es. leeelmmadsio → **mademoiselle** = signorina

a. lstau → .... = ...

b. sioobrn → .... = ...

c. aeammd → .... = ...

d. ttnbieô → .... = ...

e. eeevnnibu → .... = ...

Gli accenti francesi (Les accents français)

Gli accenti grafici indicano, nella maggior parte dei casi, la pronuncia delle vocali:

- L'accento acuto (**l'accent aigu**) compare solo sulla **e** pronunciata chiusa [e]: **é**.
- L'accento grave (**l'accent grave**) compare soprattutto sulla **e** segnalandone la pronuncia aperta [E]: **è**. Si usa però anche su **a** e **u** per distinguere omografi pronunciati nello stesso modo, in particolare monosillabi (es. **à** *a* e **a** *ha;* **où** *dove* e **ou** *o*).
- L'accento circonflesso (**l'accent circonflexe**) può comparire su tutte le vocali tranne **y**: **â, ê, î, ô, û**. Esiste per ragioni etimologiche e ha a che fare anche con la pronuncia di alcune vocali, ma non preoccupatevene troppo all'inizio!

Altri segni diacritici della lingua francese sono:

- La dieresi ¨ (**le tréma**) indica la pronuncia separata di due vocali altrimenti unite in un suono diverso: **Noël** ([nOEl] anziché *nwal).
- La cediglia (**la cédille**), sotto la **c**, ne segnala la pronuncia [s] come in **ça** *ciò*.

Alcune festività francesi (Quelques fêtes françaises)

Pâques [pak]	*Pasqua*
Noël [nOEl]	*Natale*
la Pentecôte [la pa^{n}tkot]	*Pentecoste*
la Fête nationale [la fEt nasjOnal]	*la Festa nazionale* (14 luglio)
la Fête des mères/pères [la fEt de mER/pER]	*Festa della mamma / del papà* (**la mère** *la madre*, **le père** *il padre*, **la fête** *la festa*)
l'Épiphanie [lepifani]	*l'Epifania*
la Fête du travail [la fEt dü tRavaj]	*la Festa del Lavoro*
la Toussaint [la tusE^n]	*Ognissanti*

Festività

I francesi hanno 11 giorni festivi ufficiali ogni anno, inclusi 6 di origine religiosa.

 Fate lo "spelling" di queste festività francesi, accenti inclusi.

a. P-Â-Q-U-E-S

b. N-O-Ë-L

c. P-E-N-T-E-C-Ô-T-E

d. É-P-I-P-H-A-N-I-E

e. F-Ê-T-E D-E-S P-È-R-E-S

5 Evidenziate la giusta ortografia di ogni parola qui sotto, poi scrivetene il significato (ricorrete al dizionario in caso di bisogno).

a. àge / age / âge ....

b. être / étre / ètre ....

c. frere / frère / frére ....

d. salüt / salut / salût ....

e. Fransse / França / France ....

f. français / francais / franscais ....

g. féte / fête / fète ....

6 Aggiungete accenti o cediglie alle seguenti parole, aiutandovi con un dizionario. Poi scrivetene i significati cercando di indovinare prima di verificare.

a. pere = ...   **c.** lecon = ...   **e.** canoe = ...

b. aout = ...   **d.** Suede = ...   **f.** americain = ...

Le lettere mute in francese *(Les lettres muettes en français)*

La pronuncia e l'ortografia del francese sono spesso distanti. Una delle caratteristiche principali è la presenza di lettere che non si leggono affatto, il più delle volte in fine di parola, che siano consonanti (**salut** *ciao* [salü]) o la **e** muta (**femme** *donna* [fam]), ma anche all'interno di parola. La **h** è sempre foneticamente muta (**h**omme *uomo* [Om]).

I numeri da 0 a 10 *(Les nombres de 0 à 10)*

da 0 a 10			
zéro [zeRo]	*zero*	**six** [sis]	*sei*
un [œⁿ]	*uno*	**sept** [sEt]	*sette*
deux [dø]	*due*	**h**uit [üit]	*otto*
trois [tRwa]	*tre*	**neuf** [nœf]	*nove*
quatre [katR]	*quattro*	**dix** [dis]	*dieci*
cinq [sEⁿk]	*cinque*		

Guardate queste parole e i loro significati. Poi leggetele a voce alta (le lettere in rosso sono mute).

estomac	salut	abricot	nerf	trop
stomaco	*ciao*	*albicocca*	*nervo*	*troppo*
deux	outil	trois	mot	froid
due	*attrezzo*	*tre*	*parola*	*freddo*

 Collegate ogni numero con la cifra corrispondente.

deux   zéro   dix   neuf   cinq   huit   sept

9   5   8   7   2   10   0

La liaison *(La liaison)*

- Nella catena parlata, quando una parola termina con una consonante muta e la parola seguente inizia con una vocale o **h** muta, la consonante viene molto spesso pronunciata per ragioni di eufonia, dando luogo al fenomeno detto **liaison** (*legamento*): **un enfant** *un/a bambino/a* [œ^n na^{n}fa^n].
- Sono soprattutto le consonanti **s, x, z, t, d, n** e **m**, il più delle volte mute in fine di parola, ad essere soggette alla **liaison**: **les hommes** *gli uomini* [le zOm].
- Notate che la **s** è pronunciata [z] quando è in **liaison**.
- In francese si distingue fra due tipi di **h**, entrambe mute dal punto di vista fonetico: la cosiddetta **h** muta (**h muet**), che si comporta come una vocale, e la **h** aspirata (**h aspiré**), che invece è una vera e propria consonante (non ammette né la **liaison** né l'apostrofo nel termine precedente).

 Leggete a voce alta le seguenti sequenze di parole, facendo le *liaison* come indicato nella trascrizione fonetica fra parentesi.

deux amis [dø zami]
(**ami** *amico*)

trois oncles [tRwa zo^{n}kl]
(**oncle** *zio*)

six hôtels [si zotEl]

un éléphant [œ^n nelefa^n]

un petit enfant [œ^n pëti ta^{n}fa^n]
(**petit** *piccolo*)

un grand homme [œ^n gRa^n tOm] [1]
(**grand** *grande, alto* o *importante*)

[1] la **d** in liaison si legge [t]

Risolvete il cruciverba con le parole che avete imparato finora.

	1	2	3	4	5	6	7	8	9	10	11	12	13
A													
B													
C													
D													
E													
F													
G									N			E	U
H									E				
I													
J													
K													
L													

Qui le definizioni in italiano:

Orizzontali

A. tre
B. età
D. buongiorno
F. zero
G. americano – avuto
   (participio passato)
H. nove
I. uno
J. Natale
L. dieci

Verticali

1. amico
3. due
5. signore
8. cinque
9. ciao – non (… *pas*)
11. freddo
12. madre
13. attrezzo

Bravi! Avete terminato il capitolo 1. Ora contate le icone dividendole per tipo qui a fianco e poi riportate i risultati ottenuti a pag. 128.

Ancora un po' di pronuncia

(vocali nasali e semivocali, la *r* e la *u*)

Trascrizione fonetica del francese

Suono francese	Equivalente italiano	Suono francese	Equivalente italiano
sa, là, femme, pâte	[a] di base	balle	[b] di bello
thé, ses, parler, restez	[e] chiusa di vetro	carte, kaki, quart	[k] di casa (la u dopo la q è il più delle volte muta)
baguette, ouvert, mère, fête, chaise, Seine	[E] aperta di bene	chou, shampooing	[sh] di uscire
si, île, cycle	[i] di pino	danse	[d] di dito
dos, drôle, saut, bateau	[o] chiusa di nome	frère, photo	[f] di foglia
		garage	[g] di gatto
homme, or, Paul	[O] aperta di oro	jour, garage	[ž], ossia [sh] sonoro
où, pour	[u] di fuga	homme	sempre muta come in italiano
me, petit	[ë], molto simile a [œ]	lampe	[l] di luce
samedi	e muta, non trascritta	mère	[m] di madre
peu, nœud	[ø], tra [e] e [o], chiusa	nez	[n] di naso
jeune, sœur	[œ], tra [e] e [o], aperta	ligne	[gn] di bagno
tu	[ü], tra [i] e [u]	père	[p] di padre
ouest, oui	[w] di uovo	rouge	[R] velare, simile alla r "moscia" di alcuni parlanti italiani
yeux, payer, travail, billet, abeille, grenouille, feuille	[j] di ieri	sous, place, ça, option, dix	[s] di seme
		tortue	[t] di tela
blanc, champ, embrasse; vin, frein, loin; son; brun, parfum; …	vocali e gruppi vocalici* seguiti da n o m sono nasalizzati (in fine di parola o seguiti da consonante): $[a^n]$, $[E^n]$, $[o^n]$, $[œ^n]$	vert	[v] di verde
		taxi	[ks] di taxi
		exercice	[gz], ossia [ks] sonoro
		zéro, dix-huit, vase	[z] di sbaglio

* ossia digrammi e trigrammi vocalici, combinazioni di vocali in una sola sillaba, percepite il più delle volte come un unico suono.

I numeri da 11 a 22
(Les nombres de 11 à 22)

da 11 a 22	
onze [o^{n}z]	*undici*
douze [duz]	*dodici*
treize [tREz]	*tredici*
quatorze [katORz]	*quattordici*
quinze [kE^{n}z]	*quindici*
seize [sEz]	*sedici*
dix-sept [disEt]	*diciassette*
dix-huit [dizüit]	*diciotto*
dix-neuf [diznœf]	*diciannove*
vingt [vE^n]	*venti*
vingt et un [vE^{n}teœ^n]	*ventuno*
vingt-deux [vE^n(t)dø]	*ventidue*

Nota: i numeri da 23 a 29 seguono lo stesso schema di 22.

1 Con l'aiuto della tabella alla pagina precedente, scrivete in francese le seguenti parole traslitterate e traducetele in italiano.

a. [salü] = ... = ...

b. [ami] = ... = ...

c. [mER] = ... = ...

d. [katR] = ... = ...

e. [mo] = ... = ...

f. [ameRikE^n] = ...

= ....

2 Rimettete in ordine le lettere che formano i seguenti numeri e traduceteli in italiano.

a. éorz = ... = ...

b. rqazoute = ... = ...

c. iuth = ... = ...

d. xdi-fune = ... = ...

e. tnigv = ... = ...

f. eerzit = ... = ...

Vocali nasali e semivocali *(Voyelles nasales et semi-voyelles)*

Sono nasali le vocali seguite da **m** o **n**, che non siano seguite a loro volta da un'altra vocale né doppie. La **m** e la **n** sono quindi mute e segnalano unicamente la nasalizzazione del suono vocalico precedente: (**train** [tRE^n] *treno*, **oncle** [o^{n}kl] *zio*). Ecco alcuni esempi di suoni vocalici nasali in francese:

- **en/em**: [a^n] (**trente** [tRa^{n}t] *trenta*)
- **an/am**: [a^n] (**tante** [ta^{n}t] *zia*)
- **ain/aim/ein/eim/in/im/ien**: [E^n] (**vingt** [vE^n] *venti*, **pain** [pE^n] *pane*, **plein** [plE^n] *pieno*, **rien** [RjE^n] *nulla, niente*)
- **un/um**: [œ^n] (**brun** [bRœ^n] *bruno*, **parfum** [paRfœ^n] *profumo*)
- **on/om**: [o^n] (**garçon** [gaRso^n] *ragazzo*, **tomber** [to^{n}be] *cadere*)

Semivocali (o semiconsonanti)

Semplificando, alcuni suoni vocalici assumono valore semiconsonantico:

- **ui**: [üi] (**huit** [üit] *otto*)
- **ail**: [aj] (**travail** [tRavaj] *lavoro*)
- **ou**: [w] (**oui** [wi] *sì*)

La famiglia *(La famille)*

la mère [mER]	*la madre*	**le mari** [maRi]	*il marito*
le père [pER]	*il padre*	**le cousin** [kuzE^n]	*il cugino*
le frère [fRER]	*il fratello*	**la cousine** [kuzin]	*la cugina*
la sœur [sœR]	*la sorella*	**l'oncle** [o^{n}kl]	*lo zio*
le fils [fis]	*il figlio*	**la tante** [ta^{n}t]	*la zia*
la fille [fij]	*la figlia*	**le grand-père** [gRa^n pER]	*il nonno*
la femme [fam]	*la moglie*	**la grand-mère** [gRa^n mER]	*la nonna*

3 Evidenziate il suono vocalico nasale in ogni parola e poi scrivetene la trascrizione fonetica come nell'esempio.

Es. cinq = cinq = [E^n]

a. onze ....

b. à demain *(a domani)* ....

c. tante ....

d. faim *(fame)* ....

e. chacun *(ognuno)* ....

f. bonjour ....

g. patin *(pattino)* ....

h. parfum ....

4 A partire dalla trascrizione fonetica, ricavate queste parole francesi e poi traducetele in italiano.

a. [sœR] = ... = ...

b. [duz] = ... = ...

c. [gRa^n pER] = ... = ...

d. [a^{n}fa^n] = ... = ...

e. [sE^{n}k] = ... = ...

f. [o^{n}kl] = ... = ...

Il suono [ü] *(Le son [u])*

Spesso gli italofoni tendono a pronunciare la **u** francese come quella italiana, o come [iu]. Invece occorre posizionare le labbra come per dire [u] ma dicendo [i]. In molte lingue regionali settentrionali, comunque, questo suono è presente.

5 Fate pratica della *u* francese [ü] ripetendo a voce alta le seguenti parole.

a. tu   **b.** salut   **c.** musique   **d.** bus   **e.** flûte

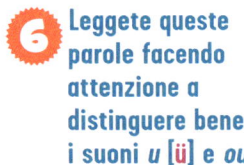 **Leggete queste parole facendo attenzione a distinguere bene i suoni *u* [ü] e *ou***

a. **tutu**

b. **toute** (*tutta*)

c. **jour** (*giorno*)

d. **futur**

e. **douze**

Il suono [R] (*Le son [r]*)

La **r** francese è impegnativa da pronunciare per un italofono, soprattutto all'inizio. Si tratta di un suono uvulare, per il quale sono sicuramente favoriti coloro che hanno la cosiddetta *r* moscia in italiano: provate a far vibrare l'ugola! Anche in Francia, comunque, ci sono diversi tipi di **r**. Come per tutto, è questione di un po' di pratica, ma se la trovate difficile non preoccupatevi, meglio pronunciare la *r* italiana e allenarsi di più per imparare i suoni nasali e la [ü].

 Leggete a voce alta queste parole cercando di pronunciare bene la *r*.

a. bonjour   **b.** trois   **c.** au revoir   **d.** quatre   **e.** être

8 **Guardate questa foto di famiglia e poi scrivete il nome di ciascun membro.**

La mère :

....

La sœur :

....

Le père :

....

La grand-mère :

....

Le frère :

....

Le grand-père :

....

Ottimo lavoro! Avete terminato il capitolo 2. Ora contate le icone dividendole per tipo qui a fianco e poi riportate i risultati ottenuti a pag. 128.

3

Nomi e articoli

(maschile e femminile, singolare e plurale, articoli determinativi)

I nomi maschili e femminili (*Les noms masculins et féminins*)

- In francese i sostantivi hanno due generi, il maschile e il femminile, come in italiano. Normalmente un nome maschile che finisce per consonante, di solito riferito a esseri viventi (es. **cousin**), si volge al femminile con l'aggiunta di una **-e** finale (es. **cousine**). Ci sono, tuttavia, delle eccezioni a questa regola.
- Di altri sostantivi bisognerà imparare il genere, ad esempio grazie all'articolo.

La casa e le stanze (*La maison et les pièces*)

la chambre (f.) [la shaⁿbR]	*la camera da letto*
la cuisine (f.) [la küizin]	*la cucina*
le garage (m.) [lë gaRaž]	*il garage*
le grenier (m.) [lë gRënje]	*il solaio*
le jardin (m.) [lë žaRdEⁿ]	*il giardino*
la salle à manger (f.) [la sal a maⁿže]	*la sala da pranzo*
la salle de bain(s) (f.) [la sal dë bEⁿ]	*il bagno*
le salon (m.) [lë saloⁿ]	*la sala, il soggiorno*

1 I seguenti nomi sono maschili (m.) o femminili (f.)?

nome (*nom*)	m.	f.
mère		
chambre		
fils		
salon		
grenier		
maison		

2 Rimettete in ordine le lettere di questi nomi di stanze o locali della casa, poi traduceteli in italiano.

a. naols = ... = ...

b. iosman = ... = ...

c. ggaare = ... = ...

d. iieunsc = ... = ...

e. mbhraec = ... = ...

f. eeirgrn = ... = ...

I nomi singolari e plurali (Les noms singuliers et pluriels)

- Per formare il plurale si aggiunge una **-s** (**une fille** *una ragazza* → **des fille**s *delle ragazze*), o in certi casi una **x** o **ux**, togliendo la **l** finale (**un cheveu** *un capello* → **des cheveu**x *dei capelli*, **un journal** *un giornale* → **des journa**ux *dei giornali*).
- Se il nome singolare finisce in **-s**, **-x**, **-z** non cambia al plurale (**le fils** *il figlio* → **les fils** *i figli (maschi)*).

3 Volgete al plurale i seguenti nomi singolari, come nell'esempio.

Es. un frère = des frères

a. un grenier = des ....

b. une sœur = des ....

c. un salon = des ....

d. un parfum = ...

e. une chambre = ...

f. un père = ...

Nomi maschili e femminili: le persone e i mestieri (Noms masculins et féminins : les personnes et les métiers)

- Gli articoli, indeterminativi e determinativi, hanno ovviamente anch'essi due generi. Per il masc. sono rispettivamente **un** e **le**: **un homme** *un uomo*, **le père** *il padre*. Per il femm., **une** e **la**: **une femme** *una donna*, **la mère** *la madre*.
- Il più delle volte è una **-e** finale a indicare il genere femminile: **le chat** *il gatto* → **la chatte** *la gatta*.
- Se il masc. termina in **-e**, il femm. non cambia: **un/une élève** *un/a allievo/a*.

- Alcuni nomi subiscono modifiche un po' più estese. Eccone alcuni esempi: **-er** → **-ère**, **-en** → **-enne**, **-an** → **-anne**, **-on** → **-onne**, **-eur** → **-euse**, **-eur** → **-rice**, **-at** → **-atte**, **-f** → **-ve**, **-x** → **-se**.
- Certi nomi di professione o attività hanno una sola forma: **professeur** * *professore/essa*, **auteur** *autore/trice*.

* oggi si stanno diffondendo anche i femm. **professeure** e **auteure**.

4 Chi sta parlando? Una donna (D), un uomo (U) o entrambi (D/U)?

	D	U	D/U
a. Je suis (*Sono [un/a]*) fermière.			
b. Je suis coiffeur.			
c. Je suis pharmacienne.			
d. Je suis professeur.			
e. Je suis secrétaire.			
f. Je suis avocat.			
g. Je suis comédien.			

I mestieri *(Les métiers)*

un avocat [aⁿ navOka] / **une avocate** [ün avOkat]	*avvocato/essa*
un boucher [bushe] / **une bouchère** [bushER]	*macellaio/a*
un boulanger [bulaⁿže] / **une boulangère** [bulaⁿžER]	*panettiere/a*
un chanteur [shaⁿtœR] / **une chanteuse** [shaⁿtøz]	*cantante*
un coiffeur [kwafœR] / **une coiffeuse** [kwaføz]	*parrucchiere/a*
un comédien [kOmedjEⁿ] / **une comédienne** [kOmedjEn]	*attore/trice*
un/une dentiste [daⁿtist]	*dentista*
un étudiant [etüdjaⁿ] / **une étudiante** [etüdjaⁿt]	*studente/essa*
un fermier [fERmje] / **une fermière** [fERmjER]	*fattore, contadino/a*
un infirmier [EⁿfiRmje] / **une infirmière** [EⁿfiRmjER]	*infermiere/a*
un/une médecin [medsEⁿ]	*medico*
un musicien [müzisjEⁿ] / **une musicienne** [müzisjEn]	*musicista*
un pharmacien [faRmasjEⁿ] / **une pharmacienne** [faRmasjEn]	*farmacista*
un/une professeur [prOfEsœR]	*professore/essa*
un/une secrétaire [sëkRetER]	*segretario/a*
un serveur [sERvœR] / **une serveuse** [sERvøz]	*cameriere/a*

5 **Volgete al plurale le seguenti frasi.**

a. Je suis musicienne. Nous sommes *(Siamo)* ....

b. Je suis médecin. Nous sommes ....

c. Je suis dentiste. Nous sommes ....

d. Je suis bouchère. Nous sommes ....

e. Je suis chanteuse. Nous sommes ....

6 **Adesso scrivete se i termini dell'esercizio 5 sono maschili (m.), femminili (f.) o di entrambi i generi (m./f.), come nell'esempio.**

a. Je suis musicienne. ➜ f.

b. ....   **c.** ....   **d.** ....   **e.** ....

7 **Basandovi su quanto imparato finora, siete in grado di rispondere a queste domande?**

a. Qual è l'articolo indeterminativo femminile francese (*una, un'*)? ....

b. Qual è l'articolo indeterminativo maschile francese (*un, uno*)? ....

c. Qual è il plurale per ambo i generi dell'articolo indeterminativo (*dei, degli, delle*)? ....

d. Qual è l'articolo determinativo femmnile francese (*la*)? ....

e. Qual è l'articolo determinativo maschile francese (*il, lo*)? ....

f. Qual è il plurale per ambo i generi dell'articolo determinativo (*i, gli, le*)? ...

g. Come si dicono *Io sono* e *Noi siamo* in francese? ....

h. Cosa si omette in francese, rispetto all'italiano (che peraltro può anche comportarsi come il francese), per dire che qualcuno fa un certo mestiere? ...

....

....

....

Gli articoli determinativi (Les articles définis)

L'articolo determinativo francese ha quattro forme, accordate in genere e numero con il nome che precedono:

- **le** (masc. sing. prima di consonante e **h** aspirata): **le père**, **le hasard** *il caso*

- **la** (femm. sing. prima di consonante e **h** aspirata): **la mère**, **la honte** *la vergogna*

- **l'** (masc. e femm. sing. prima di vocale e **h** muta): **l'ami**, **l'hôtel**, **l'amie**, **l'heure**

- **les** (masc. e femm. plur.): **les parents** [le paRa^n] *i genitori*

	Singolare	Plurale
Maschile	**le, l'**	**les**
Femminile	**la, l'**	**les**

 8 **Cerchiate gli articoli corretti.**

a. Le / La / L' / Les maison est grande.

b. Le / La / L' / Les enfants sont gentils *(buoni)*.

c. Le / La / L' / Les salon est petit *(piccolo)*.

d. Le / La / L' / Les garçons *(ragazzi)* sont blonds.

e. Le / La / L' / Les filles *(ragazze)* sont belles.

f. Le / La / L' / Les chambre est rose.

 **9** **Scegliete il nome giusto sulla base dell'articolo determinativo.**

a. La **chambres / cuisine / salon** est grande.

b. Les **fille / enfant / garçons** sont gentils.

c. L' **secrétaire / avocat / fermier** est sérieux *(serio)*.

d. Le **comédien / chanteuse / musiciennes** est génial *(grandioso, fantastico)*.

'Essere' e 'avere' (être et avoir)

être [EtR] essere		avoir [avwaR] avere	
je suis [žě süi]	sono	**j'ai** [že] / [žE]	ho
tu es [tü E]	sei	**tu* as** [tü a]	hai
il/elle est [il/El E]	è	**il/elle a** [il/El a]	ha
nous sommes [nu sOm]	siamo	**nous avons** [nu zavoⁿ]	abbiamo
vous* êtes [vu zEt]	siete	**vous* avez** [vu zave]	avete
ils/elles sont [il/El soⁿ]	sono	**ils/elles ont** [il/El zoⁿ]	hanno

*La seconda persona plurale *voi* è anche la forma di cortesia.

10 Collegate ogni forma coniugata di *essere* (**être**) con il pronome soggetto corrispondente.

JE	*SOMMES*
TU	*EST*
IL/ELLE	*ÊTES*
NOUS	*SUIS*
VOUS	*SONT*
ILS/ELLES	*ES*

11 Collegate ogni forma coniugata di *avere* (**avoir**) con il pronome soggetto corrispondente.

J'	*ONT*
TU	*A*
IL/ELLE	*AVEZ*
NOUS	*AI*
VOUS	*AS*
ILS/ELLES	*AVONS*

12 Collegate ciascuna immagine al mestiere corrispondente.

1. Un boucher

2. Un médecin

3. Une serveuse

a. b. c. d. e. f.

4. Un professeur

5. Une chanteuse

6. Un boulanger

Bien! Avete terminato il capitolo 3. Ora contate le icone dividendole per tipo qui a fianco e poi riportate i risultati ottenuti a pag. 128.

4
Articoli e pronomi
(articoli indeterminativi e partitivi, pronomi soggetto e complemento)

Gli articoli indeterminativi *(Les articles indéfinis)*

- L'articolo indeterminativo francese ha due forme, **un** (masc. sing.) e **une** (femm. sing.): **un garçon** *un ragazzo*, **une fille** *una ragazza*. Il femminile **une** non si apostrofa mai.

- Come in italiano, per il plurale si usa quello dell'articolo partitivo, **des** *dei, degli, delle*, per entrambi i generi: **des frères** *dei fratelli*, **des sœurs** *delle sorelle*.

	Singolare	Plurale
Maschile	**un**	**des**
Femminile	**une**	**des**

I Cerchiate l'articolo indeterminativo corretto in ciascuna frase.

a. Il y a *(C'è / Ci sono)* **un / une / des** enfants dans la *(nella)* maison.

b. Il y a **un / une / des** homme dans le salon.

c. Il y a **un / une / des** chat dans la chambre.

d. Il y a **un / une / des** fille dans la cuisine.

e. Il y a **un / une / des** garçon dans le grenier.

Il mobilio *(Le mobilier)*

un bureau [œⁿ büRo]	*scrivania*
un canapé [œⁿ kanape]	*divano*
une chaise [ün shEz]	*sedia*
un frigo [œⁿ fRigo]	*frigo*
une lampe [ün laⁿp]	*lampada*
un lit [œⁿ li]	*letto*
une table [ün tabl]	*tavolo*
une table de nuit [ün tabl dë nüi]	*comodino*

 **Completate questo testo con gli articoli indeterminativi appropriati.**

« Dans la maison, il y a **(a)** .... cuisine avec **(b)** .... grande table et **(c)** .... chaises. Il y a trois chambres avec **(d)** .... lits confortables et **(e)** .... tables de nuit élégantes. Il y a **(f)** .... bureau et **(g)** .... toilettes. Il y a aussi *(anche)* **(h)** .... petit salon avec **(i)** .... canapés. »

Gli articoli partitivi *(Les articles partitifs)*

I partitivi servono a indicare una quantità indefinita, per esempio di alimenti o bevande. In italiano, *del, dello, della* e i relativi plurali sono spesso superflui (o sostituiti da altri articoli), ma in francese sono praticamente sempre necessari: **J'ai des** amis. *Ho (degli) amici.* **Je mange de la** salade. *Mangio l'insalata / un'insalata.*

Le forme sono quattro:

- **du** (m. sing.): **du café** *del caffè*
- **de la** (f. sing.): **de la salade** *dell'insalata*
- **de l'** per i due generi, prima di vocale e **h** muta:
  de l'eau *dell'acqua*
- **des** (plurale): **des biscuits** *dei biscotti.*

	Singolare	Plurale
Maschile	**du, de l'**	**des**
Femminile	**de la, de l'**	**des**

Gli alimenti e le bevande *(Les aliments et les boissons)*

l'ananas [lanana(s)] (m.)	*ananas*	**le jus d'orange** [lë žü dORaⁿž] **(orange** [f.])	*succo d'arancia*
la banane [la banan]	*banana*	**le lait** [lë IE]	*latte*
les bonbons [le boⁿboⁿ]	*caramelle*	**le pain** [lë pEⁿ]	*pane*
le café [lë kafe]	*caffè*	**les pâtes** [le pat]	*pasta*
le concombre [lë koⁿkoⁿbR]	*cetriolo*	**le poisson** [le pwasoⁿ]	*pesce*
l'eau [lo]	*acqua*	**la pomme** [la pOm]	*mela*
la fraise [la fREz]	*fragola*	**la pomme de terre** [la pOm dë tER]	*patata*
le fromage [lë fROmaž]	*formaggio*	**la salade** [la salad]	*insalata*
le gâteau [lë gato]	*dolce, torta*	**la tomate** [la tOmat]	*pomodoro*
la glace [la glas]	*gelato*	**la viande** [la vjaⁿd]	*carne*
le jambon [lë žaⁿboⁿ]	*prosciutto*		

I pasti

In Francia, spesso **le petit déjeuner** *la prima colazione* consiste in pane, burro e marmellata e una scodella di latte al cacao per i bambini e caffè o caffellatte per gli adulti. **Le déjeuner** è *il pranzo* e **le dîner** *la cena*, consumata in genere più presto che in Italia.

3 Nella tabella qui sotto, indicate se gli articoli partitivi sono maschili (M) o femminili (F), nonché singolari (S) o plurali (P).

	M	F	S	P
a. de la viande				
b. des fraises				
c. du fromage				
d. de l'ananas				
e. de l'orange				
f. des bonbons				
g. de la pomme de terre				

4 Siete al ristorante. Completate la vostra ordinazione con gli articoli partitivi scelti fra le opzioni qui sotto.

de la **du** des *de l'* de la du des de la

- *Bonjour, monsieur !*

- *Bonjour. Je voudrais* (Vorrei) **(a)** .... *salade avec* (con)
(b) .... *concombre et* **(c)** .... *tomates. Ensuite* (Poi), *je voudrais*
(d) .... *viande avec* **(e)** .... *pommes de terre et* **(f)** .... *pain.*
En dessert, je voudrais **(g)** .... *glace. Merci !*

- *Et comme boisson ?*

- *Juste* **(h)** .... *eau. Merci !*

21

5 Traducete in francese le seguenti parole con i loro partitivi.

a. del dolce ....

b. delle caramelle ....

c. del latte ....

d. del pomodoro ....

e. della carne ....

f. della pasta ....

6 Riscrivete ogni termine sotto l'immagine corrispondente.

a. du pain   **b.** de la glace   **c.** du poisson   **d.** de la pomme   **e.** de l'eau   **f.** du jambon

1. ....   **2.** ....   **3.** ....   **4.** ....   **5.** ....   **6.** ....

I pronomi soggetto (Les pronoms sujets)

- In francese, in mancanza del nome, i pronomi soggetto vanno sempre espressi.

- Il pronome soggetto si riferisce alla persona, l'animale o la cosa che compie l'azione: **Gaston aime les frites.** *Gaston ama le patatine / A Gaston piacciono le patatine.* → **Il aime les frites.** *(Lui) ama le patatine / Gli piacciono le patatine.*

- I pronomi soggetto francesi sono nove (otto le forme toniche in nero a destra):

Singolare			Plurale		
je/j'	io	moi	nous	noi	nous
tu	tu	toi	vous	voi / Lei (cortesia)	vous
il	lui, egli, esso	lui	ils	loro, essi	eux
elle	lei, ella, essa	elle	elles	loro, esse	elles
on	si (impersonale) noi (familiare)	-			

- Notate che **je** diventa **j'** prima di una vocale o **h** muta: **J'ai un frère.** *Ho un fratello.*

- Il pronome singolare **on** corrisponde al *si* impersonale italiano: **En France on parle français.** *In Francia si parla francese.* Nel linguaggio colloquiale è molto usato al posto di **nous**, sempre con il verbo alla 3ª persona sing.: **On y va?** *Andiamo?*

- La forma di cortesia si esprime in francese con il pronome **vous** e la 2ª pers. plur. del verbo.

- I pronomi tonici si usano da soli o accompagnati da preposizione: **– Qui en veut ? – Moi.** *– Chi ne vuole? – Io.* **Je vais avec eux.** *Vado con loro.*

7 Collegate ogni pronome soggetto francese al corrispettivo italiano.

elle	*io*
nous	*tu*
je/j'	*loro* (m.)
ils	*noi*
vous	*voi / Lei*
il	*loro* (f.)
tu	*lui*
elles	*lei*

8 Completate le seguenti frasi con il giusto pronome soggetto.

a. .... suis étudiante.

b. .... sommes acteurs.

c. .... êtes gentils.

d. .... sont actrices.

e. .... est grand *(alto)*.

f. .... ai deux lits.

I pronomi diretti (Les pronoms objets directs)

- Un pronome diretto sostituisce il complemento oggetto del verbo: *Ti chiamo.*

- Come in italiano, questi pronomi precedono il verbo: **Louis te regarde.** *Louis ti guarda.*

Pronomi diretti	
me/m'	*mi/m'*
te/t'	*ti/t'*
le/l'	*lo/l'*
la/l'	*la/l'*
nous	*ci*
vous	*vi / La/L'*
les	*li, le*

Nota: **m'**, **t'**, **l'** compaiono prima di una vocale o **h** muta.

Alcuni verbi in *-er* (Quelques verbes en *-er*)

aider [ede]	*aiutare*
aimer [eme]	*amare / piacere*
aller [ale]	*andare*
appeler [ap(ë)le]	*chiamare*
demander [dëma^{n}de]	*chiedere, domandare*
donner [done]	*dare*
écouter [ekute]	*ascoltare*
embrasser [a^{n}bRase]	*baciare*
expliquer [Eksplike]	*spiegare*
parler [paRle]	*parlare*
regarder [RëgaRde]	*guardare*
téléphoner [telefOne]	*telefonare*

9 Collegate ogni pronome diretto francese al suo corrispettivo italiano.

te/t'	le/l'	vous	nous	me/m'	les	la/l'
li, le	*vi / La*	*ci*	*ti*	*la*	*mi*	*lo*

Completate queste frasi con il pronome diretto appropriato.

a. Il .... appelle. *(mi)*

b. Nous .... aimons. *(li, le)*

c. Vous .... regardez. *(la)*

d. Je .... aide. *(ti)*

e. Tu .... embrasses. *(ci)*

f. Elles .... écoutent. *(lo)*

I pronomi indiretti *(Les pronoms objets indirects)*

Un pronome indiretto sostituisce un complemento indiretto del verbo, di norma il complemento di termine, ossia un complemento introdotto dalla preposizione **à** *a*. Tipicamente accompagnano verbi che esprimono l'idea di dare, dire, offrire, mostrare qualcosa a qualcuno: **Ils te donnent le livre.** *Ti danno il libro.* **Ils donnent le livre à Marie.** → **Ils lui donnent le livre.** *Danno il libro a Marie.* → *Le danno il libro.* I pronomi indiretti francesi sono i seguenti:

Pronomi indiretti (sing.)		Pronomi indiretti (plur.)	
me/m'	*mi/m'*	**nous**	*ci*
te/t'	*ti/t'*	**vous**	*vi / Le*
lui	*gli, le*	**leur**	*… loro, gli*

- Le forme **m'** e **t'** sono usate davanti a vocale e **h** muta (ne approfittiamo per ricordare che in francese l'apostrofo, quando richiesto, è obbligatorio, mentre in italiano spesso si può scegliere o addirittura certe forme apostrofate sono ormai in disuso).

- La 3ª persona singolare ha una forma unica per maschile e femminile: **lui** *gli, le*.

Completate le seguenti frasi con i pronomi indiretti appropriati.

a. Elles .... expliquent la route. *(mi)*

b. Je .... parle. *(vi / Le)*

c. Nous .... donnons du pain. *(… loro, gli)*

d. Vous .... téléphonez. *(le)*

e. Tu .... demandes. *(gli)*

Magnifico! Avete terminato il capitolo 4. Ora contate le icone dividendole per tipo qui a fianco e poi riportate i risultati ottenuti a pag. 128.

5

Gli aggettivi

(accordo con il nome, ordine delle parole)

Accordo in genere e numero (Accord en genre et en nombre)

- L'aggettivo, che serve a definire una caratteristica di un sostantivo o di un pronome, funziona in francese come in italiano: va accordato in genere (maschile o femminile) e numero (singolare o plurale) con il nome che qualifica. Nella maggior parte dei casi gli aggettivi francesi hanno quindi quattro uscite:

	Singolare	Plurale
Maschile	**joli** *carino*	**joli**s
Femminile	**joli**e	**joli**es

- Per formare il femminile si aggiunge il più delle volte una **-e** finale al maschile: **joli** → **joli**e.

- Come del resto in italiano, se l'aggettivo termina già in **-e** al maschile non si modifica più: **Il est triste.** → **Elle est triste**. Per alcuni tipi di aggettivi le modifiche sono più sostanziali: **-n** → **-nne**, **-c** → **-que**, **-l** → **-lle**, **-er** → **-ère**, **-et** → **-ète**, **-et** → **-ette**, **-eur** → **-euse**, **-eur** → **-rice**, **-f** → **-ve**, **-c/-s** → **-che**, **-g** → **-gue**, **-x** → **-se**, **-u** → **-uë**. Pochi altri casi vedono un cambiamento nella radice, tra cui **vieux** *vecchio* (m.) → **vieille** (f.) o **fou** *matto* (m.) → **folle** (f.). Ma nulla di complicato, niente paura!

- Per formare il plurale il più delle volte si aggiunge **-s** al singolare: **joli** → **joli**s. Se l'aggettivo singolare finisce già in **-s** o **-x** non cambia più. Se il maschile singolare finisce in **-al**, di norma il plurale è in **-aux**, così come **-eau** dà luogo a **-eaux**.

Alcuni aggettivi qualificativi (Quelques adjectifs qualificatifs)

bon [boⁿ]	*buono / bravo*	**léger** [leže]	*leggero*
drôle [dRol]	*divertente / strano*	**lour**d [luR]	*pesante*
fou [fu]	*pazzo / pazzesco*	**mauvai**s [movE]	*cattivo / brutto*
gentil [žaⁿti]	*gentile / buono / bravo*	**méchan**t [meshaⁿ]	*cattivo*
		moche [mOsh]	*brutto*
grand [gRaⁿ]	*grande / alto*	**peti**t [pëti]	*piccolo*
heureux [œRø]	*felice*	**triste** [tRist]	*triste*
jeune [žœn]	*giovane*	**vieu**x [vjø]	*vecchio*
joli [žOli]	*carino / grazioso*		

1 Scrivete il femminile di questi aggettivi maschili.

a. Il est joli. ➜ Elle est ....

b. Il est petit. ➜ Elle est ....

c. Il est lourd. ➜ Elle est ....

d. Il est vieux. ➜ Elle est ....

e. Il est méchant. ➜ Elle est ....

f. Il est jeune. ➜ Elle est ....

2 Scrivete il plurale di questi aggettivi singolari.

a. Il est lourd. ➜ Ils sont ....

b. Elle est grande. ➜ Elles sont ....

c. Il est léger. ➜ Ils sont ....

d. Elle est triste. ➜ Elles sont ....

e. Il est fou. ➜ Ils sont ....

f. Elle est moche. ➜ Elles sont ....

3 Collegate i contrari.

vieille   méchantes

petits   belle

gentilles   triste

moche   jeune

heureuse   mauvais

lourde   grands

bons   légère

4 Completate la tabella con le forme mancanti degli aggettivi.

maschile singolare	femminile singolare	maschile plurale	femminile plurale
joli	jolie	**a.**	jolies
b.	heureuse	heureux	heureuses
grand	grande	grands	**c.** ....
mauvais	mauvaise	**d.**	mauvaises
petit	**e.**	petits	petites
beau *(bello)*	belle	beaux	**f.** ....
bon	**g.**	bons	bonnes
h.	vieille	vieux	vieilles

L'ordine delle parole e degli aggettivi (L'ordre des mots et des adjectifs)

- Come accade anche in italiano, l'aggettivo francese segue generalmente il nome: *una casa blu* → **une maison bleue**.
- Alcuni aggettivi sono posizionati di preferenza prima del nome, tra i quali **beau**, **bon**, **gentil**, **grand**, **jeune**, **joli**, **mauvais**, **petit**, **vieux** e i numeri cardinali.

I colori *(Les couleurs)*

blanc [bla^n]		*bianco*
bleu [blø]		*blu*
gris [gRi]		*grigio*
jaune [žon]		*giallo*
marron [maRo^n]		*marrone*
noir [nwaR]		*nero*

orange [oRa^{n}ž]		*arancione*
rose [Roz]		*rosa*
rouge [Ruž]		*rosso*
vert [vER]		*verde*
violet [vjOlE]		*viola*

Nota: i colori che derivano da frutti (**cerise** *ciliegia*, **olive**), fiori (**lavande**) (ma **rose** e **violet** fanno eccezione e si accordano), pietre preziose (**émeraude** *smeraldo*) o metalli (**argent**) e i colori che sono accompagnati da un altro aggettivo (**bleu marine** *blu scuro*) restano invariati al femminile e al plurale: **Les chaussures sont marron.** *Le scarpe sono marroni.* **Elle a des yeux bleu clair.** *Ha gli occhi azzurri.*

5 Completate la tabella con le forme mancanti dei colori.

	maschile singolare	femminile singolare	maschile plurale	femminile plurale
	jaune	jaune	jaunes	jaunes
	1.	2.	violets	3. ....
	vert	4.	5.	6. ....
	7.	8.	9.	bleues
	10.	orange	11.	12. ....
	13.	14.	gris	15. ....
	16.	blanche	17.	18. ....
	19.	20.	21.	noires
	rouge	22.	23.	24. ....
	25.	26.	marron	27. ....
	28.	rose	29.	30. ....

6 Sottolineate la forma corretta dell'aggettivo.

a. La table est **vert / verte / verts**.

b. Les canapés sont **violet / violettes / violets**.

c. Les chaises sont **blanche / blancs / blanches**.

d. Le bureau est **noir / noire / noirs**.

e. Les tables de nuit sont
bleues / bleue / bleus.

7 Ora traducete in italiano le frasi dell'esercizio 6.

a. ....

b. ....

c. ....

d. ....

e. ....

I Paesi e le nazionalità *(Les pays et les nationalités)*

• La maggior parte dei Paesi ha lo stesso genere in italiano e in francese.

• Gli aggettivi di nazionalità si comportano come gli altri aggettivi e si accordano: **un Australien** (m.), **une Australienne** (f.).

• L'aggettivo di nazionalità richiede in francese la lettera maiuscola quando è usato come un sostantivo riferito alla persona; se invece accompagna altri elementi o è nome del predicato, l'iniziale è minuscola (**la cuisine française; les enfants sont anglais**).

Paese			Nazionalità (m. sing.)	
l'**Allemagne** [almagn] (f.)		*Germania*	**Allemand** [alma^n]	*tedesco*
l'**Angleterre** [a^{n}glëtER] (f.)		*Inghilterra*	**Anglais** [a^{n}glE]	*inglese*
l'**Australie** [ostRali] (f.)		*Australia*	**Australien** [ostRaljE^n]	*australiano*
la **Belgique** [bElžik] (f.)		*Belgio*	**Belge** [bElž]	*belga*
le **Canada** [kanada]		*Canada*	**Canadien** [kanadjE^n]	*canadese*
la **Chine** [shin]		*Cina*	**Chinois** [shinwa]	*cinese*
l'**Espagne** [Espagn] (f.)		*Spagna*	**Espagnol** [Espagnol]	*spagnolo*
les **États-Unis** [eta züni] (m.)		*Stati Uniti*	**Américain** [ameRikE^n]	*americano*
la **France** [fRa^{n}s]		*Francia*	**Français** [fRa^{n}sE]	*francese*
l'**Italie** [itali] (f.)		*Italia*	**Italien** [italjE^n]	*italiano*
le **Japon** [žapo^n]		*Giappone*	**Japonais** [žapOnE]	*giapponese*
les **Pays-Bas** [pei ba] (m.)		*Paesi Bassi*	**Néerlandais** [neERla^{n}dE]	*olandese*
la **Suisse** [süis]		*Svizzera*	**Suisse** [süis]	*svizzero*

8 Completate la tabella con le forme mancanti delle nazionalità.

bandiere	masc. sing.	femm. sing.	masc. plur.	femm. plur.
	Néerlandais	1.	Néerlandais	Néerlandaises
	2.	Espagnole	Espagnols	Espagnoles
	3.	Italienne	4.	Italiennes
	Japonais	5.	Japonais	6. ....
	7.	8.	9.	Allemandes
	Suisse	10.	11.	12. ....
	Australien	Australienne	13.	14. ....

9 Trovate le nazionalità elencate a destra nella griglia qui sotto (in tutte le direzioni possibili).

F	C	V	T	D	H	A	L	N	A
S	E	I	D	O	I	S	O	A	C
E	A	P	L	C	D	D	N	M	N
N	N	M	V	B	E	L	G	E	N
N	G	L	E	J	N	E	A	R	E
E	L	B	S	A	H	S	P	I	I
I	A	N	O	P	I	L	S	C	L
D	I	E	E	O	C	S	E	A	A
A	S	B	N	N	S	U	T	I	R
N	D	I	T	A	L	I	E	N	T
A	H	S	N	I	A	S	I	E	S
C	S	D	E	S	D	S	F	D	U
N	A	D	N	A	M	E	L	L	A

spagnolo
australiano
belga
cinese (m.)
italiano
svizzero
americano
inglese (m.)
giapponese (m.)
tedesco
canadese (f.)

Molto bene! Avete terminato il capitolo 5. Ora contate le icone dividendole per tipo qui a fianco e poi riportate i risultati ottenuti a pag. 128.

6

Il possesso e i gusti personali

(aggettivi possessivi e dimostrativi, esprimere i propri gusti)

Gli aggettivi possessivi *(Les adjectifs possessifs)*

Gli aggettivi possessivi francesi (corrispondenti ai nostri *(il/la) mio/a, i/le miei/mie, (il/la) tuo/a, i/le tuoi/tue,* ecc. + nome) concordano con la cosa posseduta come in italiano: **sa** **mère** *sua madre*, **son** **père** *suo padre*, **ses** **parents** *i suoi genitori*. In compenso, non vogliono mai l'articolo, in nessun caso. Il plurale è unico per i due generi:

maschile singolare		femminile singolare		masc. e femm. plurali	
mon	*(il) mio*	**ma***	*(la) mia*	**mes**	*i miei / le mie*
ton	*(il) tuo*	**ta***	*(la) tua*	**tes**	*i tuoi / le tue*
son	*(il) suo*	**sa***	*(la) sua*	**ses**	*i suoi / le sue*
notre	*(il) nostro*	**notre**	*(la) nostra*	**nos**	*i nostri / le nostre*
votre	*(il) vostro / (il) Suo*	**votre**	*(la) vostra / (la) Sua*	**vos**	*i vostri / le vostre / i Suoi / le Sue*
leur	*il loro*	**leur**	*la loro*	**leurs**	*i loro / le loro*

* I possessivi femminili singolari diventano **mon, ton**, **son** (come le forme maschili) quando precedono un sostantivo che inizia per vocale o **h** muta: **mon école** (f.), *la mia scuola*.

Gli animali da compagnia *(Les animaux familiers)*

le chat [sha] / **la chatte** [shat]	*gatto/gatta*
le cheval* [sh(ë)val]	*cavallo*
le chien [shjEⁿ] / **la chienne** [shjEn]	*cane/cagna*
le hamster [amstER]	*criceto*
le lapin [lapEⁿ] / **la lapine** [lapin]	*coniglio*
le poisson [pwasoⁿ]	*pesce*
le serpent [sERpaⁿ]	*serpente*
la souris* * [suRi]	*topo*
la tortue [tORtü]	*tartaruga*

* **cheval** forma il plurale in **-aux**: **chevaux** [sh(ë)vo]

** **la souris** è anche *il mouse* del computer

1 Traducete in francese le seguenti frasi, come nell'esempio.

Es. È il mio gatto. (Louise) → C'est <u>mon</u> chat.

a. È il suo topo/mouse. (Thomas)
   → C'est ....

b. È la loro sorella. (Jean et Caroline)
   → C'est ....

c. È il tuo cavallo. (Audrey)
   → ....

d. È nostro nonno. (Charline et Zoé)
   → ....

e. È il vostro pesce. (Simon et Julie)
   → ....

f. Sono i vostri cani. (Coralie et Louis)
   → Ce sont ....

2 Sottolineate il giusto aggettivo possessivo in ciascuna frase.

a. Ce sont **mon / ma / mes** sœurs.

b. C'est **ton / ta / tes** tortue.

c. Ce sont **votre / vos** frères.

d. C'est **son / sa / ses** père.

e. C'est **notre / nos** chat.

f. C'est **leur / leurs** maison.

3 Rimettete le lettere in ordine per formare nomi di animali in francese.
Poi aggiungete l'articolo giusto (*le* o *la*) e traduceteli in italiano.

a. oosinps = ... = ...

b. UIORSS = ... = ...

c. tnpsree = ... = ...

d. eavlhc = ... = ...

e. NAELIP = ... = ...

f. matrshe = ... = ...

Ciò che piace e ciò che non piace
(Ce qu'on aime et ce qu'on n'aime pas)

Per esprimere questi concetti, in francese si ricorre ai verbi **aimer** *piacere / amare*, **adorer** *adorare* o **détester** *odiare / detestare*. Sono verbi regolari del 1° gruppo, il cui presente indicativo è come quello qui a fianco.

aimer *piacere / amare*	
j'aime [Em]	*mi piace*
tu aimes [Em]	*ti piace*
il/elle aime [Em]	*gli/le piace*
nous aimons [Emo^n]	*ci piace*
vous aimez [Eme]	*vi piace / Le piace*
ils/elles aiment [Em]	*piace loro / gli piace*

Con l'aiuto della tabella precedente, completate le seguenti regole.

a. Prima di un verbo che inizia per vocale o **h** muta, il pronome **je** diventa ....

b. Nel presente indicativo dei verbi del 1° gruppo, il cui infinito esce in **-er**, la desinenza della prima – e della terza – persona singolare è ....

c. Il pronome soggetto **vous** si usa per rivolgersi a un .... di persone o a una persona sola in modo ....

5 **Ora, seguendo il modello di coniugazione di aimer, coniugate il verbo adorer.**

adorer *adorare*	
a.	*adoro*
b. tu	*adori*
c. il/elle	*adora*
d. nous	*adoriamo*
e. vous	*adorate / adora*
f. ils/elles	*adorano*

Gli sport *(Les sports)*

Nomi			Verbi	
le cyclisme [siklism]	*ciclismo*		**faire** [fER] **du** (*del*) **vélo**	*andare in bici*
le football [futbol]	*calcio*		**jouer** [žue] **au** (*al*) **football**	*giocare a calcio*
la gymnastique [žimnastik]	*ginnastica*		**faire de la gymnastique**	*fare ginnastica*
le handball [a^{n}dbal]	*pallamano*		**jouer au handball**	*giocare a pallamano*
le jogging [giOghin] *	*jogging*		**courir** [kuRiR]	*correre*
le judo [žŭdo]	*judo*		**faire du judo**	*fare/praticare judo*
la marche [maRsh]	*marcia*		**marcher** [maRshe]	*camminare*
la natation [natasjo^n]	*nuoto*		**nager** [naže]	*nuotare*
le rugby [Rügbi]	*rugby*		**jouer au rugby**	*giocare a rugby*
le tennis [tenis]	*tennis*		**jouer au tennis**	*giocare a tennis*

* La **j** di **jogging** si pronuncia come in inglese e il gruppo **-ng** finale può essere pronunciato [gn]

Il gallo

Il *gallo* (**coq**) è spesso considerato il simbolo della Francia e compare come logo negli stemmi delle squadre nazionali di calcio e rugby.

6 Trovate nella griglia i nomi francesi degli sport elencati a destra (tutte le direzioni sono possibili).

F	R	O	P	S	H	Y	U	F	P	M
Y	J	E	M	N	J	U	D	O	U	i
K	L	N	A	T	A	T	i	O	N	M
A	W	F	R	R	T	E	O	T	A	A
i	R	A	C	Q	E	P	O	B	T	S
S	U	T	H	A	N	D	B	A	L	L
S	G	U	E	E	N	R	T	L	J	i
H	B	M	D	S	i	Y	G	L	D	L
C	Y	C	L	i	S	M	E	B	H	M

marcia
pallamano
calcio
rugby
ciclismo
nuoto
judo

7 Traducete in italiano le seguenti frasi.

a. Julien adore jouer au tennis. → ....

b. Coralie et Sidonie détestent le football. → ....

c. Nous aimons courir. → ....

d. Vous adorez faire de la gymnastique. → ....

e. Ils aiment jouer au handball. → ....

8 Con l'aiuto dei simboli qui sotto, formate una coppia di frasi per ogni situazione.
 aimer 😊😊 adorer 😞 détester

Es. Julie 😊 calcio → Julie aime le football. / Julie aime jouer au football.

a. Noi 😞 rugby → Nous ....
Nous ....

b. Karine e Lucie 😊😊 nuoto → Karine et Lucie ....
Karine et Lucie ....

c. Tu 😊 ciclismo → Tu ....
Tu ....

d. Io 😞 judo → Je ....
Je ....

e. Voi 😊😊 marcia → Vous ....
Vous ....

Non mi piace... *(Je n'aime pas...)*

Leggete le seguenti coppie di frasi:

a) **J'aime les pâtes.** *Mi piace la pasta.*

b) **Je n'aime pas les pâtes.** *Non mi piace la pasta.*

c) **Il regarde un film.** *Guarda un film.*

d) **Il ne regarde pas un film.** *Non guarda un film.*

9 **Ora rispondete a queste domande.**

a. Quali tra le frasi qui sopra sono affermative? ....

b. Quali invece sono negative? ....

c. Che cosa si aggiunge per costruire la forma negativa? ....

d. Che differenza notate nelle negazioni delle frasi b e d? ....
....
....

10 **Trasformate le seguenti affermazioni in frasi negative.**

a. J'aime les bonbons. ➜ ....

b. J'écoute ta mère. ➜ ....

c. Il parle beaucoup *(molto)*. ➜ ....

d. Elles regardent la télévision. ➜ ....

e. Vous aidez votre sœur. ➜ ....

Gli aggettivi dimostrativi *(Les adjectifs démonstratifs)*

• La forma base degli aggettivi dimostrativi francesi può significare sia *questo* che *quello*; per comodità li tradurremo con il nostro dimostrativo di vicinanza:

	Singolare		Plurale	
Maschile	**ce, cet**	*questo*	**ces**	*questi*
Femminile	**cette**	*questa*	**ces**	*queste*

• Nota: il maschile singolare **cet** si usa davanti a vocale o **h** muta: **cet ananas** *questo ananas*, **cet homme** *quest'uomo*.

I vestiti *(Les vêtements)*

la casquette [kaskEt]	berretto
le chapeau* [shapo]	cappello
les chaussettes [shosEt]	calzini
les chaussures [shosüR]	scarpe
la chemise [shëmiz]	camicia
le chemisier [shëmizje]	camicetta
la jupe [žüp]	gonna
le manteau* [man to]	cappotto
le pantalon** [pan talon]	pantaloni
le pull(-over) [pül(ovER)]	maglione
le pyjama [pižama]	pigiama
la robe [ROb]	vestito (da donna)
le T-shirt [tishœRt]	maglietta, T-shirt

* I plurali di **chapeau** *cappello* e **manteau** *cappotto* sono in **-x**: **chapeaux** e **manteaux**.
** In francese **pantalon** *pantaloni, calzoni* è generalmente al singolare.

11 Associate le figure ai nomi dei vestiti che compaiono nella valigia in basso.

a. ....

b. ....

c. ....

d. ....

e. ....

la casquette   la jupe
les chaussettes   le
la chemise   pyjama

12 Cerchiate gli aggettivi dimostrativi corretti.

a. **Ce / Cet / Cette / Ces** chaussettes sont rouges.

b. **Ce / Cet / Cette / Ces** chemise est blanche.

c. **Ce / Cet / Cette / Ces** pull est gris.

d. **Ce / Cet / Cette / Ces** pantalon est noir et jaune.

e. **Ce / Cet / Cette / Ces** casquette est bleue.

Super ! Avete terminato il capitolo 6. Ora contate le icone dividendole per tipo qui a fianco e poi riportate i risultati ottenuti a pag. 128.

7
Il presente

(verbi del 1° e del 2° gruppo e verbi in -re del 3°)

Il presente dei verbi regolari in -er
(Les verbes en -er réguliers au présent)

- Il presente del modo indicativo, come quello italiano, esprime un'azione o uno stato che si verificano ora o in generale sempre. Sempre analogamente al tempo verbale italiano, anche il presente francese può essere usato al posto del futuro, nel linguaggio informale.

- La lingua francese suddivide i suoi verbi in tre coniugazioni che chiama **groupes** *gruppi* e che sono concepiti in modo diverso dalle coniugazioni italiane: 1° gruppo per i verbi regolari il cui infinito esce in **-er** (tutti, tranne uno); 2° gruppo per i verbi regolari in **-ir** (la maggior parte di quelli che hanno questo infinito); 3° gruppo per tutti i verbi irregolari (infiniti in **-re**, in **-oir**, alcuni in **-ir**, uno solo in **-er**).

- Il presente indicativo dei verbi del 1° gruppo si forma sostituendo la desinenza dell'infinito con quelle del presente, in rosa nello schema qui sotto.

- La desinenza **-ent** della 3ª persona plurale è sempre muta.

regarder *guardare*			
je regarde	*guardo*	**nous regardons**	*guardiamo*
tu regardes [RëgaRd]	*guardi*	**vous regardez**	*guardate*
il/elle regarde	*guarda*	**ils/elles regardent** [RëgaRd]	*guardano*

 Sottolineate i pronomi soggetto corretti.

a. **J' / Tu / Ils** aime les pâtes.

b. **Il / Nous / Vous** jouez au rugby.

c. **Il / Nous / Elles** embrassent les garçons.

d. **Je / Nous / Vous** adorons la soupe.

e. **Tu / Elle / Vous** écoutes de la musique.

 **Sottolineate i verbi coniugati corretti.**

a. Je **regarde / regardes / regardons** le match.

b. Nous **joue / joue / jouons** au basketball.

c. Elle **téléphone / téléphonons / téléphonez** à son grand-père.

d. Vous **aides / aidez / aident** Anne-Sophie.

e. Ils **appelles / appelle / appellent** leur ami.

 **Coniugate i verbi tra parentesi alla persona giusta del presente.**

a. Tu (**parler**) .... avec *(con)* Margot.

b. Elle (**jouer**) .... au tennis.

c. Nous (**aimer**) .... courir.

d. Ils (**regarder**) .... les lions au zoo.

e. Vous (**demander**) .... de l'eau.

f. J'(**écouter**) .... mon professeur.

Il presente dei verbi regolari in -ir (Les verbes en -ir réguliers au présent)

Tutti i verbi del 2° gruppo si coniugano come il modello **finir**, senza eccezioni, con le desinenze qui a lato.

finir *finire*			
je	**fin**is [fini]	**nous**	**fin**issons [finisoⁿ]
tu	**fin**is [fini]	**vous**	**fin**issez [finise]
il/elle	**fin**it [fini]	**ils/elles**	**fin**issent [finis]

Alcuni verbi del 2° gr. (Verbes réguliers en -ir)

agir [ažiR]	*agire*
bâtir [batiR]	*costruire*
choisir [shwaziR]	*scegliere*
définir [definiR]	*definire*
nourrir [nuRiR]	*nutrire*
réfléchir [RefleshiR] **+ à**	*riflettere su*
remplir [RaⁿpliR]	*riempire / compilare*
réussir [ReüsiR] **réussir + à**	*superare* (esame) *riuscire a*

---

4 **Sottolineate la forma verbale corretta.**

a. Il **finis / finit / finissez** son gâteau.

b. Nous **bâtis / bâtissons / bâtissez** une grande maison.

c. Vous **choisissons / choisissez / choisissent** un nouveau chien.

d. Tu **réussis / réussit / réussissons** ton examen.

e. Elles **nourrissons / nourrissez / nourrissent** les poissons.

f. Je **réfléchis / réfléchit / réfléchissez** à un cadeau *(regalo)* pour Rachid.

5 **Coniugate al presente i verbi tra parentesi.**

a. Tu (**choisir**) .... un chapeau.

b. Vous (**finir**) .... votre petit déjeuner.

c. Je (**nourrir**) .... le petit frère d'Amandine.

d. Ils (**remplir**) .... les verres *(bicchieri)* de leurs amis.

e. Nous (**réfléchir**) .... aux vacances.

6 Completate questo dialogo coniugando i verbi appropriati fra quelli presentati qui sotto.

choisir – réfléchir – remplir – finir – réussir

« Allô, Théodore ? Je **(a.)** .... le cadeau pour Marina.
Et vous ? Vous **(b.)** .... le gâteau ?

– Oui, Antoine **(c.)** .... les verres et les ballons sont sur la table.

– Super ! Nous **(d.)** .... cette surprise, d'accord ?
Où sont Thomas et Emma ?

– Ils **(e.)** .... à la musique pour la fête.

– Très bien. À bientôt ! »

Verbi del 3° gruppo in *-re* modello *vendre*

Alcuni verbi in **-re** del 3° gruppo si coniugano seguendo il modello di **vendre** qui a lato.

vendre *vendere*	
je	**vends** [va^n]
tu	**vends** [va^n]
il/elle	**vend** [va^n]
nous	**vendons**
vous	**vendez**
ils/elles	**vendent** [va^{n}d]

Alcuni verbi in *-re* modello *vendre*

attendre [ata^{n}dR]	aspettare
descendre [desa^{n}dR]	scendere
entendre [a^{n}ta^{n}dR]	sentire, udire / intendere
rendre [Ra^{n}dR]	restituire
répondre [Repo^{n}dR] **+ à**	rispondere
perdre [pERdR]	perdere
tendre [ta^{n}dR]	tendere

7 Completate le frasi con il giusto pronome soggetto (in alcuni casi ci sono due possibilità).

a. .... vends des salades.

b. .... entendons notre chien.

c. .... répondez à la lettre de Fabrice.

d. .... attendent le bus.

e. .... descend à la cave *(cantina)*.

8 Collegate le due parti di ogni frase.

1. J'entends…
2. Nous attendons…
3. Vous descendez…
4. Tu vends…
5. Elle perd…
6. Ils répondent…

a. … le taxi pour l'aéroport.
b. … à leur professeur.
c. … ton livre à Karim.
d. … ses clés *(chiavi)* dans le bus.
e. … un oiseau chanter *(cantare)*.
f. … du bus.

9 Traducete in italiano le seguenti frasi.

a. Ils vendent leur maison. → ....
b. Nous réussissons notre gâteau. → ....
c. Vous choisissez un nom pour le chat. → ....
d. Je perds mes livres. → ....
e. Elle embrasse Pacôme. → ....
f. Tu aides Romain. → ....

10 Traducete in francese le seguenti frasi.

a. Finiscono la cena. → ....
b. Riesco [bene nel] nuoto. → ....
c. Scendiamo da cavallo. → ....
d. Lei sente il cane. → ....
e. Tu dai il tuo cappotto. → ....
f. Voi chiedete un tavolo. → ....

Très bien! Avete terminato il capitolo 7. Ora contate le icone dividendole per tipo qui a fianco e poi riportate i risultati ottenuti a pag. 128.

8

Numeri e ore
(numerali cardinali e ordinali, chiedere e dire l'ora)

I numeri cardinali (Les nombres cardinaux)

- I cardinali sono i numerali usati per contare, numerare, elencare (1, 2, 3, ecc.). Rispondono alla domanda **Combien de… ?** *Quanto/a/i/e…?*

- L'unico numero che ha due forme diverse per il maschile e il femminile è **un** *uno*, forme peraltro uguali agli articoli indeterminativi: **un chapeau** *un cappello*, **une jupe** *una gonna*.

I numeri da 30 in poi (Les nombres à partir de 30)
(cfr. pag. 6 per i numeri da 0 a 10 e pag. 10 per quelli da 11 a 29.)

30	trente [tRaⁿt]	78	soixante-dix-huit
31	trente et un [tRaⁿt e œⁿ]	79	soixante-dix-neuf
32	trente-deux	80	quatre-vingts [katR vEⁿ]
40	quarante [kaRaⁿt]	81	quatre-vingt-un [katR vEⁿ œⁿ]
41	quarante et un	82	quatre-vingt-deux
42	quarante-deux	90	quatre-vingt-dix
50	cinquante [sEⁿkaⁿt]	91	quatre-vingt-onze [katR vEⁿ oⁿz]
51	cinquante et un	92	quatre-vingt-douze
52	cinquante-deux	100	cent [saⁿ]
60	soixante [swasaⁿt]	101	cent un [saⁿ œⁿ]
61	soixante et un	102	cent deux
62	soixante-deux	200	deux cents
70	soixante-dix [swasaⁿt dis]	201	deux cent un
71	soixante et onze [swasaⁿt e oⁿz]	202	deux cent deux
72	soixante-douze	1000	mille [mil]
73	soixante-treize	2000	deux mille
74	soixante-quatorze	2001	deux mille un
75	soixante-quinze	2002	deux mille deux
76	soixante-seize	100 000	cent mille
77	soixante-dix-sept	1 000 000	un million [miljoⁿ]

Nota: **vingt** e **cent** prendono una **-s** finale quando seguono una cifra ma non sono seguiti da un'altra cifra (sono cioè cifre tonde): **quatre-vingts** *80* → **quatre-vingt-treize** *93*; **deux cents** *200* → **deux cent cinquante** *250*.

1 Scrivete in lettere in francese i numeri elencati sotto
e poi cercateli nella griglia (tutte le direzioni sono possibili).

E	R	T	A	U	Q	E	T	N	A	X	I	O	S
Q	D	R	C	E	Q	U	A	R	A	N	T	E	K
H	V	V	E	N	Q	O	U	D	R	L	E	T	M
A	C	I	N	Q	U	A	N	T	E	D	E	U	X
E	J	N	T	F	I	O	U	M	R	S	A	I	S
T	N	G	T	I	N	M	S	I	T	O	X	M	K
P	M	T	U	E	Z	I	E	R	T	Z	I	W	P
E	S	D	S	R	E	L	V	A	C	J	S	S	O
S	O	E	B	O	T	L	R	M	I	I	G	G	R
F	Q	U	A	T	R	E	V	I	N	G	T	U	N
D	I	X	G	Z	E	C	X	U	Q	V	A	C	T
O	A	F	U	E	N	A	P	D	U	A	O	V	M
U	R	H	U	I	T	T	O	B	A	Z	E	R	O
Z	U	I	S	K	E	R	I	F	N	R	U	S	O
E	B	O	M	A	Z	Q	U	A	T	O	R	Z	E
I	U	S	O	I	X	A	N	T	E	D	I	X	A

0 = ...   13 = ...   52 = ...

3 = ...   14 = ...   64 = ...

7 = ...   15 = ...   70 = ...

8 = ...   22 = ...   81 = ...

9 = ...   30 = ...   100 = ...

10 = ...   40 = ...   1 000 = ...

12 = ...   50 = ...

2 Completate le sequenze logiche con un ultimo numero.

a. zéro, trois, six, neuf, ...

b. six, douze, dix-huit, vingt-quatre, ...

c. cent, quatre-vingt-dix, quatre-vingts, ...

d. un, onze, vingt et un, trente et un, ...

e. neuf, dix-huit, vingt-sept, trente-six, ...

f. dix, douze, vingt, vingt-deux, trente, ...

3 Rimettete in ordine le lettere per formare numeri
tra 1 e 1000, aggiungendo il trattino dove necessario.

a. eaarnutetpqs = ...   **d.** usqvngttaeir = ...

b. xgdvtniue = ...   **e.** erotuzaq = ...

c. iellm = ...   **f.** nisxateo = ...

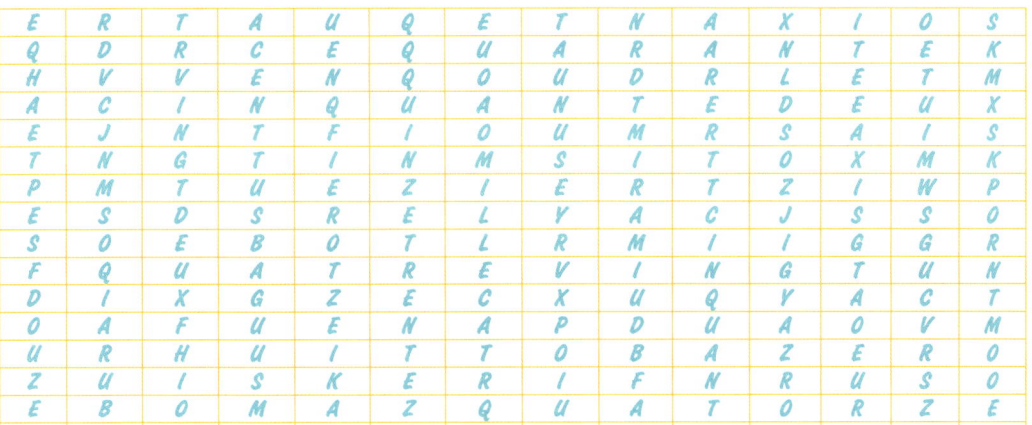

I numeri ordinali (*Les nombres ordinaux*)

Gli ordinali sono i numerali delle classifiche e delle posizioni (*primo, secondo, terzo*, ecc.).

L'unico ordinale con una forma diversa per il femminile è **premier** (m.) → **première** (f.). (La **-e** finale è muta come sempre, nei numerali della lista.)

1er	**premier** [pRёmje]	18^e	**dix-huitième**
2^e	**deuxième** [døzjEm]	19^e	**dix-neuvième**
3^e	**troisième**	20^e	**vingtième**
4^e	**quatrième**	21^e	**vingt et unième** [vEnt e ünjEm]
5^e	**cinquième** [sEnkjEm]	22^e	**vingt-deuxième**
6^e	**sixième** [sizjEm]	23^e	**vingt-troisième**
7^e	**septième**	24^e	**vingt-quatrième**
8^e	**huitième**	25^e	**vingt-cinquième**
9^e	**neuvième**	26^e	**vingt-sixième**
10^e	**dixième** [dizjEm]	27^e	**vingt-septième**
11^e	**onzième**	28^e	**vingt-huitième**
12^e	**douzième**	29^e	**vingt-neuvième**
13^e	**treizième**	30^e	**trentième**
14^e	**quatorzième**	40^e	**quarantième**
15^e	**quinzième**	70^e	**soixante-dixième**
16^e	**seizième**	100^e	**centième**
17^e	**dix-septième**	1000^e	**millième**

4 Scrivete in cifre i seguenti numeri ordinali.

Es. quarante-quatrième = 44^e

a. troisième = ...

b. millième = ...

c. soixante-dixième = ...

d. seizième = ...

e. soixantième = ...

f. dix-neuvième = ...

g. quatre-vingt-onzième = ...

5 Traducete in francese questi numeri ordinali.

a. primo = ...

b. quattordicesimo = ...

c. ventesimo = ...

d. trentaduesimo = ...

e. cinquantacinquesimo = ...

f. sessantottesimo = ...

g. ottantaseiesimo = ...

h. centesimo = ...

Trasformate questi numeri cardinali in ordinali. ••

a. un/une = ...

e. dix-sept = ...

b. douze = ...

f. neuf = ...

c. cinquante = ...

g. cinquante-deux = ...

d. cent = ...

h. soixante et un =.......................................

Che ore sono? *(Quelle heure est-il ?)*

- Per dire le ore, il francese ripete sempre il termine **heure** (f.) *ora* e non usa mai né l'articolo né la congiunzione *e*: **Il est une heure.** *È l'una.* **Il est six heures.** *Sono le sei.* Inoltre il verbo **être** è sempre al singolare.

- In Francia come in Italia il sistema orario è a 24 ore: **15h15 quinze heures quinze** *le 15 e 15.* (Nel linguaggio informale si usano correntemente **et quart** *e un quarto*, **et demie** *e mezza*, **moins le quart** *meno un quarto*, come in italiano.)

- Nella lingua di tutti i giorni si predilige il sistema a 12 ore eventualmente integrato con **du matin** *del mattino / di notte*, **de l'après-midi** *del pomeriggio* o **du soir** *di sera*.

Dire l'ora *(Dire l'heure)*

Il est ...	Sono le ... / È ...
... **midi.** [midi]	... mezzogiorno.
... **minuit.** [minüi]	... mezzanotte.
... **une heure.**	... l'una.
... **deux heures.**	... le due.
... **trois heures et quart.**	... le tre e un quarto.
... **quatre heures et demie** [d(ë)mi].	... le quattro e mezza.
... **cinq heures moins le quart.**	... le cinque meno un quarto.
... **six heures dix.**	... le sei e dieci.
... **sept heures moins vingt.**	... le sette meno venti.
un quart d'heure	un quarto d'ora
une demi-heure	una mezz'ora
à huit heures du matin	alle otto del mattino
à cinq heures de l'après-midi	alle cinque del pomeriggio
à neuf heures [nœv œR] **du soir**	alle nove di sera

L'ora ufficiale

Anche in Francia **l'heure officielle** *l'ora ufficiale* segue sempre il sistema a 24 ore, che sia nelle stazioni e negli aeroporti o negli annunci radiotelevisivi, oppure negli appuntamenti ufficiali. Le ore in cifre si scrivono con l'**h** di **heure(s)**: **8h45** *le 8:45.*

Disegnate le lancette nei quadranti di questi orologi.

 **a.** Il est huit heures.

 **b.** Il est seize heures.

c. Il est trois heures et demie.

 **d.** Il est deux heures et quart.

 **e.** Il est minuit.

 **f.** Il est neuf heures moins le quart.

8 **Scrivete l'ora in francese (in lettere!).**

a. *Il est* .... **b.** .... **c.** .... **d.** .... **e.** .... **f.** ....

....

....

9 **Collegate ogni display con il suo orario.**

neuf heures moins vingt
midi
quatre heures moins le quart
sept heures moins dix
dix heures vingt-cinq
cinq heures dix

Excellent ! Avete terminato il capitolo 8. Ora contate le icone dividendole per tipo qui a fianco e poi riportate i risultati ottenuti a pag. 128.

9
Ancora sul presente
(verbi con particolarità del 1° gruppo, verbi del 3° gruppo)

Il presente dei verbi con particolarità
(Les verbes à particularités au présent)

- I verbi con infinito in **-er** sono tutti regolari, e sono quindi raggruppati nel 1° gruppo. Un solo verbo in **-er** è irregolare (come del resto il suo corrispettivo italiano) e fa parte del 3° gruppo: **aller** *andare*. Tuttavia, alcuni verbi del 1° gruppo hanno delle particolarità fonetico-ortografiche di cui vediamo qui di seguito qualche esempio.

- Verbi che adattano l'ortografia alla 1ª plurale (**nous**) per non modificare la pronuncia:
  - Infiniti in **-cer**, **c → ç**: **nous rempla**ç**ons** *sostituiamo*.
  - Infiniti in **-ger**, si intercala una **e** prima della desinenza: **nous rang**e**ons** *sistemiamo*.

- Verbi con modifiche in tutte le persone <u>tranne</u> la 1ª e la 2ª plurale (**nous e vous**): in altre parole, le modifiche compaiono con **je, tu, il/elle/on, ils/elles**.
  - verbi come **acheter**: **e → è** = **j'ach**è**te**
  - verbi come **nettoyer**: **y → i** = **tu nettoi**es
  - verbi come **appeler**: **l → ll** = **elle appe**ll**e** (e **jeter**: **t → tt** = **je jette**)
  - verbi come **espérer**: **é → è** = **elles esp**è**rent**

Alcuni verbi del 1° gruppo con particolarità
(Quelques verbes à particularités du 1ᵉʳ groupe)

acheter [ash(ë)te]	*comprare*
appeler [ap(ë)le]	*chiamare*
envoyer [aⁿvwaje]	*spedire, mandare*
espérer [EspeRe]	*sperare*
jeter [žëte]	*gettare*
lancer [laⁿse]	*lanciare*
manger [maⁿže]	*mangiare*
nettoyer [netwaje]	*pulire*
préférer [pRefeRe]	*preferire*
ranger [Raⁿže]	*sistemare, riordinare*

1 Sottolineate l'ortografia corretta di ogni verbo.

a. Nous **espérons / espèrons** manger des pâtes.

b. Tu **achétes / achètes** des poissons.

c. Vous **commencez / commençez** le piano.

d. Elles **envoyent / envoient** une lettre à Sophie.

e. Nous **rangons / rangeons** la chambre de Catherine.

Coniugate questi verbi con particolarità con l'aiuto della tabella di pag. 45.

a. Nous (**manger**) .... une délicieuse pizza !

b. Il (**jeter**) .... ses vieilles chaussettes.

c. Elles (**préférer**) .... les films drôles (*divertenti*).

d. Tu (**appeler**) .... ton chien.

e. Je (**nettoyer**) .... les toilettes.

 Collegate ogni verbo con l'immagine corrispondente.

appeler   jeter   manger   acheter   envoyer   nettoyer

a.   b.   c.   d.   e.   f.

Alcuni verbi del 3° gruppo in -ir / -re / -oir (Quelques verbes irréguliers en -ir/-re/-oir)

avoir [avwaR]	avere		**lire** [liR]	leggere
battre [batR]	battere		**mettre** [mEtR]	mettere
boire [bwaR]	bere		**partir** [paRtiR]	partire
craindre [kRE^{n}dR]	temere		**peindre** [pE^{n}dR]	dipingere / tinteggiare
croire [kRwaR]	credere			
courir [kuRiR]	correre		**pouvoir** [puvwaR]	potere
devoir [dëvwaR]	dovere		**prendre** [pRa^{n}dR]	prendere
dire [diR]	dire		**rompre** [Ro^{n}pR]	rompere
dormir [dORmiR]	dormire		**savoir** [savwaR]	sapere
être [EtR]	essere		**tenir** [tëniR]	tenere
faire [fER]	fare		**venir** [vëniR]	venire
			vouloir [vulwaR]	volere

Il presente dei verbi del 3° gruppo in *-ir / -re / -oir* (*Les verbes en -ir/-re/-oir irréguliers au présent*)

- I verbi in **-re** seguono principalmente questi modelli di coniugazione:

– **prendre: je prends, tu prends, il/elle prend, nous prenons, vous prenez, ils/elles prennent** (cade la **d** nelle persone plurali e si raddoppia la **n** alla 3ª plurale)

– **battre: je bats, tu bats, il/elle bat, nous battons, vous battez, ils/elles battent** (cade una **t** nelle persone singolari)

– **mettre: je mets, tu mets, il/elle met, nous mettons, vous mettez, ils/elles mettent** (come **battre**)

– **rompre: je romps, tu romps, il/elle rompt, nous rompons, vous rompez, ils/elles rompent** (la 3ª persona singolare prende una **t**)

– I verbi in **-aindre** (**craindre**) e **-eindre** (**peindre**): **je crains, tu crains, il/elle craint, nous craignons, vous craignez, ils/elles craignent** (la **d** cade in tutte le persone e le plurali prendono una **g**)

- Verbi come **partir** (**dormir, courir**…): **je pars, tu pars, il/elle part, nous partons, vous partez, ils/elles partent**

- Altri verbi irregolari seguono altri schemi:

– **boire: je bois, tu bois, il/elle boit, nous buvons, vous buvez, ils/elles boivent**

– **croire: je crois, tu crois, il/elle croit, nous croyons, vous croyez, ils/elles croient**

– **devoir: je dois, tu dois, il/elle doit, nous devons, vous devez, ils/elles doivent**

– **dire: je dis, tu dis, il/elle dit, nous disons, vous dites, ils/elles disent**

– **faire: je fais, tu fais, il/elle fait, nous faisons, vous faites, ils/elles font**

– **lire: je lis, tu lis, il/elle lit, nous lisons, vous lisez, ils/elles lisent**

– **pouvoir: je peux, tu peux, il/elle peut, nous pouvons, vous pouvez, ils/elles peuvent**

– **savoir: je sais, tu sais, il/elle sait, nous savons, vous savez, ils/elles savent**

– **venir: je viens, tu viens, il/elle vient, nous venons, vous venez, ils/elles viennent**

– **vouloir: je veux, tu veux, il/elle veut, nous voulons, vous voulez, ils/elles veulent**

4 Collegate ogni pronome soggetto al resto della sua frase (in alcuni casi ci possono essere più possibilità).

I. Je …	a. … peignons le mur du salon.
2. Tu …	b. … dois boire de l'eau.
3. Elle …	c. … faites un gâteau au chocolat.
4. Nous …	d. … lisent beaucoup de *(molti)* livres.
5. Vous …	e. … dis au revoir à ta grand-mère.
6. Ils …	f. … met sa robe bleue.

5 Ora traducete in italiano le frasi dell'esercizio precedente.

a. Io/Tu ....

b. Tu/Io ....

c. Lei ....

d. Noi ....

e. Voi ....

f. Loro ....

6 Coniugate al presente indicativo i seguenti verbi.

a. Je (**croire**) .... les histoires *(storie)* de mon père.

b. Vous (**lire**) .... un livre très *(molto)* intéressant.

c. Elles (**pouvoir**) .... regarder la télé le dimanche *(la domenica)*.

d. Nous (**savoir**) .... nos tables de multiplication *(tabelline)*.

e. Tu (**devoir**) .... écouter tes professeurs.

Pronomi e verbi riflessivi *(Les verbes pronominaux et les pronoms réfléchis)*

- I verbi riflessivi, o per meglio dire pronominali, includono i pronomi riflessivi, come in italiano: **se laver** *lavarsi*. Non di rado ci sono verbi che sono pronominali in italiano e non lo sono in francese, e viceversa: es. **Nous bronzons.** *Ci abbronziamo* (da **bronzer** *abbronzarsi*). **Je me promène.** *Passeggio* (da **se promener** *passeggiare*).

- All'infinito il pronome riflessivo precede il verbo, e così anche al presente: **Se lever.** *Alzarsi.* **Je me lève.** *Mi alzo.* I plurali possono avere valore reciproco.

Pronomi riflessivi			
me	*mi*	**nous**	*ci*
te	*ti*	**vous**	*vi / Si*
se	*si*	**se**	*si*

- Nota: **me, te, se** diventano **m', t', s'** prima di una vocale o **h** muta.

Alcuni verbi pronominali (Quelques verbes pronominaux)

s'amuser [samüze]	divertirsi
s'appeler [sap(ë)le] (+ nome)	chiamarsi
se brosser [së bROse] **les dents** (f.)	lavarsi (spazzolarsi) i denti
se coucher [së kushe]	coricarsi
se doucher [së dushe]	fare la doccia
s'habiller [sabije]	vestirsi
se laver [së lave]	lavarsi
se lever [së lëve]	alzarsi
se promener [së pROm(ë)ne]	passeggiare
se réveiller [së Reveje]	svegliarsi

Il corpo (Le corps)

la bouche [bush]	bocca
les bras [bRa]	braccia
les cheveux [sh(ë)vø]	capelli
les doigts [dwa]	dita
le dos [do]	schiena
les jambes [žaⁿb]	gambe
les mains [mEⁿ]	mani
le nez [ne]	naso
les oreilles [oREj]	orecchie
les pieds [pje]	piedi
la tête [tEt]	testa
le ventre [vaⁿtR]	pancia
les yeux [jø]	occhi

7 Sottolineate il pronome corretto.

a. Je **me** / **te** / **se** lave les mains.

b. Elle **me** / **te** / **se** promène dans la forêt.

c. Nous **me** / **nous** / **vous** amusons avec nos amis.

d. Tu **me** / **te** / **se** brosses les dents.

e. Vous **nous** / **vous** / **se** douchez tous les jours (tutti i giorni / ogni giorno).

8 Scegliete i pronomi riflessivi appropriati fra quelli che compaiono nella vasca da bagno.

a. Elle .... habille dans la chambre.

b. Nous .... réveillons à 8 heures.

c. Je .... amuse avec le chat.

d. Ils .... couchent tard.

e. Vous .... levez dans l'après-midi.

f. Tu .... brosses les cheveux.

m' se te vous nous s'

9 Coniugate i seguenti verbi pronominali con i giusti pronomi riflessivi e forme verbali.

a. Elle (**se coucher**) .... à 21 heures.

b. Nous (**se promener**) .... avec Marc et Lucie.

c. Je (**se laver**) .... les mains.

d. Ils (**s'habiller**) .... très vite (*molto velocemente*) !

e. Tu (**se réveiller**) .... à 7 heures.

10 Ricostruite le parti del corpo e poi traducetele.

Es. el zne ➔ le nez ➔ il naso

a. al euhboc ➔ .... = ...

b. sle eeolslri ➔ .... = ...

c. sel niasm ➔ .... = ...

d. lse exuhvce ➔ .... = ...

e. sle msabej ➔ .... = ...

f. el tnveer ➔ .... = ...

C'est ça ! Avete terminato il capitolo 9. Ora contate le icone dividendole per tipo qui a fianco e poi riportate i risultati ottenuti a pag. 128.

10

Per… qualche pronome in più

(pronomi dimostrativi, possessivi, interrogativi)

I pronomi dimostrativi (*Les pronoms démonstratifs*)

- Abbiamo visto gli aggettivi dimostrativi a pag. 34. Per non ripetere un sostantivo già utilizzato in precedenza si usano i pronomi dimostrativi.

	Maschile	Femminile
Singolare	**celui** *colui, quello*	**celle** *colei, quella*
Plurale	**ceux** *coloro, quelli*	**celles** *coloro, quelle*

- Queste forme base non compaiono mai da sole ma sempre seguite da:
  - una preposizione come **à**, **de**, **dans**: **J'aime cette maison mais je n'aime pas celle de mes parents.** *Mi piace questa casa ma non quella dei miei genitori*
  - un pronome relativo (**que**, **qui**, **dont**, **où**)
  - le particelle **-ci** e **-là** (già utilizzabili con gli aggettivi dimostrativi, unite ai nomi, per specificare il senso: **ce livre-ci** *questo libro*, **ce livre-là** *quel libro*)

	Maschile		Femminile	
Singolare	**celui-ci**	*questo*	**celle-ci**	*questa*
	celui-là	*quello*	**celle-là**	*quella*
Plurale	**ceux-ci**	*questi*	**celles-ci**	*queste*
	ceux-là	*quelli*	**celles-là**	*quelle*

- Un pronome "neutro" che vuol dire *ciò, quello* è **ce** (**c'** prima di una vocale). Precede un pronome relativo (**ce que / ce qui**) o il verbo *essere*: **c'est** *è*, **ce sont** *sono*.

- Altri pronomi dimostrativi neutri sono **ceci** *questo, ciò* e **cela** (**ça**) *quello, ciò*. **Cela n'est pas vrai.** *Ciò non è vero.*

1 Collegate ciascun nome a sinistra con un pronome dimostrativo.

1. *les chaussettes*
2. *le manteau*
3. *la robe*
4. *les jupes*
5. *le pyjama*
6. *les pantalons*

a. *ceux*
b. *celui*
c. *celles*
d. *celles*
e. *celui*
f. *celle*

2 **Traducete in francese le seguenti frasi.**

Es. Adoro questi vestiti ma voglio quello. → J'adore ces robes mais je veux celle-là.

a. Adoro quei cappelli ma voglio questo. → ....

b. Adoro questi calzini ma voglio quelli. → ....

c. Adoro queste camicie ma voglio quella. → ....

d. Adoro quelle gonne ma voglio queste. → ....

e. Adoro quei berretti ma voglio questo. → ....

I pronomi possessivi (Les pronoms possessifs)

• A pag. 30 abbiamo visto gli aggettivi possessivi.

• Quando non vogliamo ripetere un nome usiamo il pronome possessivo, sempre preceduto dall'articolo, in francese come in italiano: **ma montre** (f.) *il mio orologio (da polso)* → **la mienne** *il mio*; **mes montres** *i miei orologi* → **les miennes** *i miei*.

Pronomi possessivi	
le mien, la mienne les miens, les miennes	*il mio, la mia, i miei, le mie*
le tien, la tienne les tiens, les tiennes	*il tuo, la tua i tuoi, le tue*
le sien, la sienne les siens, les siennes	*il suo, la sua, i suoi, le sue*
le nôtre, la nôtre les nôtres	*il nostro, la nostra i nostri, le nostre*
le vôtre, la vôtre, les vôtres	*il vostro, la vostra, i vostri, le vostre*
le leur, la leur les leurs	*il loro, la loro, i loro, le loro*

Gli oggetti della classe (Les objets de la classe)

un bâton de colle [baton dë kOl]	*colla in stick*
un bureau [büRo]	*cattedra*
un cahier [kaje]	*quaderno*
des ciseaux [sizo]	*forbici*
des crayons de couleur [kREjon dë kulœR]	*matite colorate*
un crayon (de papier) [kREjon dë papje]	*matita*
un feutre [føtR]	*pennarello*
une gomme [gOm]	*gomma*
un livre [livR]	*libro*
une règle [rEgl]	*righello*
un stylo [stilo]	*penna*
un tableau [tablo]	*lavagna*
une trousse [tRus]	*astuccio*

3 Trasformate le frasi qui sotto scegliendo i pronomi possessivi appropriati fra quelli nello zainetto. (Attenzione! Ce n'è uno in più.)

a. C'est leur livre. = C'est ....

b. Ce sont ses stylos. = Ce sont ....

c. C'est votre règle. = C'est ....

d. C'est mon cahier. = C'est ....

e. C'est sa trousse. = C'est ....

f. Ce sont tes gommes. = Ce sont ....

la vôtre
les siens
le leur
la nôtre
le mien
les tiennes
la sienne

4 Completate le risposte con i giusti pronomi possessivi.

Es. Elles sont à qui ces **chaussures** ? (je) → Ce sont **les miennes.**
Di chi sono queste scarpe? → Sono le mie.

a. Il est à qui ce stylo ? (nous) → C'est ....

b. Elle est à qui cette règle ? (tu) → C'est ....

c. Ils sont à qui ces crayons de couleur ? (vous) → Ce sont ....

d. Elles sont à qui ces gommes ? (je) → Ce sont ....

e. Il est à qui ce cahier ? (elle) → C'est ....

f. Elles sont à qui ces trousses ? (ils) → Ce sont ....

5 Rimettete in ordine le lettere e scrivete gli articoli e gli oggetti della classe che ne avete ricavato, poi disegnateli!

a. nu nâotb ed lleoc = ...

....

b. nu eaaublt = ...

c. sde xiacseu = ...

d. nu ervil = ...

e. eun meomg = ...

I pronomi interrogativi *(Les pronoms interrogatifs)*

- L'aggettivo interrogativo **Quel... ?** corrisponde a *Quale...? / Che...?* (+ nome) e in francese ha quattro forme: **Quel jour est-il ?** *Che giorno è?* **À quelle heure ?** *A che ora?* **Quels livres ?** *Quali libri?* **Quelles couleurs** (f.) **?** *Quali colori?*

	Singolare	Plurale
Maschile	quel	quels
Femminile	quelle	quelles

- La forma pronominale è **Lequel ?** *Quale?* e sostituisce un nome.

	Singolare	Plurale
Maschile	lequel	lesquels
Femminile	laquelle	lesquelles

- Altri pronomi interrogativi sono **Que ?** (**qu'** prima di una vocale) *Che cosa?* e **Qui ?** *Chi?*, entrambi seguiti da un verbo: **Qui parle ?** *Chi parla?*

6 Unite gli aggettivi o pronomi interrogativi con gli elementi appropriati.

1. Quel	**a. trousses ?**
2. Quelle	**b. veux-tu ?**
3. Quels	**c. livre ?**
4. Quelles	**d. aime les glaces ?**
5. Qui	**e. stylos ?**
6. Que	**f. chambre ?**

7 Completate le tabelle con le forme mancanti di *quel* e *lequel*.

	Singolare	Plurale
Maschile	quel	a.................................
Femminile	b.................................	c.................................

	Singolare	Plurale
Maschile	lequel	d.................................
Femminile	e.................................	f.................................

8 Completate queste frasi con gli interrogativi nella vetrina del negozio in basso. (In un caso avete due possibilità.)

Es. **Quelle** robe aimes-tu ?

a. .... gâteau veux-tu ?

b. Regarde ces chaussures ! .... veux-tu ?

c. .... chapeaux aimes-tu ?

d. Regarde ces casquettes ! .... (sing.) aimes-tu ?

e. .... jupe veux-tu ?

f. Regarde ces pantalons ! .... aimes-tu ?

Félicitations ! Avete terminato il capitolo 10. Ora contate le icone dividendole per tipo qui a fianco e poi riportate i risultati ottenuti a pag. 128.

11

I vari tipi di frase
(affermativa, negativa, interrogativa)

La frase affermativa
(La phrase affirmative)

Lo schema più comune di una frase affermativa francese è quello che vede un soggetto e un verbo seguiti da un complemento:

Je	**regarde**	**un film.**
soggetto	verbo	complemento

Le materie scolastiche
(Les matières scolaires)

les mathématiques [matematik]	*matematica*
les sciences [sjaⁿs]	*scienze*
la chimie [shimi]	*chimica*
la géographie [žeOgRafi]	*geografia*
l'histoire [istwaR]	*storia*
la littérature [liteRatüR]	*letteratura*
le sport [spOR]	*sport*
la musique [müzik]	*musica*
le français [fRaⁿsE]	*francese*
l'anglais [aⁿglE]	*inglese*
l'informatique [EⁿfORmatik]	*informatica*
le dessin [desEⁿ]	*disegno*
le théâtre [teatR]	*teatro*

1 Suddividete le parti di ogni frase nelle giuste colonne della tabella.

Es. Je mange un gâteau.

a. Il travaille dans sa chambre.

b. Nous aimons jouer au football.

c. Elle aide sa mère.

d. Vous détestez les mathématiques.

e. Tu adores l'anglais.

	Soggetto	Verbo	Complemento
	je	mange	un gâteau
a)			
b)			
c)			
d)			
e)			

2 Ricostruite queste frasi affermative rimettendo le parole nel giusto ordine.

Es. suis / à Paris / je → **Je suis à Paris.**

a. embrasse / elle / ton cousin →

....

b. aimons / la robe bleue / nous →

....

c. à votre grand-père / vous / téléphonez

→ ....

....

d. les vacances / Loïc / en Australie / aime →

....

....

e. chaussures / Carole et Clothilde / les / choisissent / rouges → ....

....

....

3 Traducete in francese le seguenti materie scolastiche.

a. la chimica ....

b. l'informatica...................................

c. il francese ....

d. lo sport ....

e. la storia..

f. il disegno ....

La frase negativa (La phrase négative)

In francese si costruisce generalmente con **ne** + verbo + una seconda negazione tra le seguenti:

- **pas** [pa] *non* → **Nous n'avons pas de* chien.** *Non abbiamo un cane.*

*Al negativo, articoli indeterminativi e partitivi sono sostituiti da **de** o **d'.**

- **rien** [RjEⁿ] *nulla / niente* → **Je ne sais rien.** *Non so nulla.*

- **plus** [plü] *più* → **Solène ne joue plus.** *Solène non gioca più.*

- **aucun** [okœⁿ] / **aucune** [okün] *nessun(o)/a / alcun(o)/a* → **Il n'a aucun ami.** *Non ha nessun amico.*

- **personne** [pERsOn] *nessuno* → **Je ne vois personne.** *Non vedo nessuno.*

- **jamais** [žamE] *mai* → **Je ne suis jamais allé en Belgique.** *Non sono mai andato in Belgio.*

- **ni... ni...** [ni] *né... né...* → **Elle n'aime ni les pommes ni les poires.** *Non le piacciono né le mele né le pere.*

Ne diventa **n'** prima di vocale e **h** muta → **Il n'habite pas à Lyon.** *Non abita a Lione.*

Nei tempi composti (cfr. pag. 65), alcune di queste negazioni (**pas, rien, plus, jamais**) precedono sempre il participio passato: **Il n'a rien vu.** *Non ha visto niente.*

4 Separate le parole in queste frasi e inserite gli eventuali apostrofi.

a. Jenaimepaslespommesvertes ....

b. Ellesnesontjamaistristes ....

c. Carlosnaaucunfilmenanglais ....

d. LouisetSuzannenejouentplusaubasketball ....
....

e. Tunesnigrandnipetit ....

5 Traducete in italiano le frasi dell'esercizio 4.

a. ....

b. ....

c. ....

d. ....
....

e. ....

6 Riordinate gli elementi di queste frasi negative.

a. n' / pas / chocolat / Camille / aime / le ....

b. regarde / pas / la / Pascal / télé / ne ....

c. ai / bleu / aucun / je / chapeau / n' ....

d. mange / Emma / de / tomates / ne / jamais ....

e. ni / sœur / a / ni / n' / robe / jupe / ma ....

7 Traducete in italiano le frasi dell'esercizio 6.

a. ....

b. ....

c. ....

d. ....

e. ....

La frase interrogativa *(La phrase interrogative)*

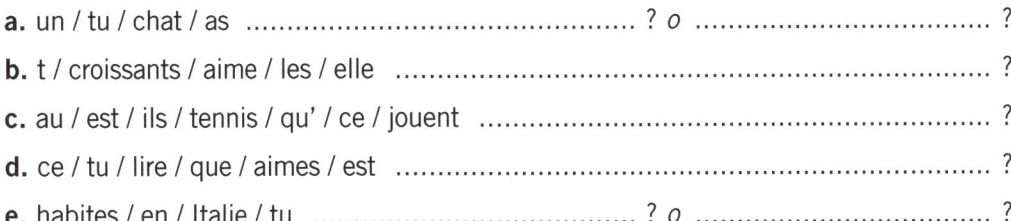

- In francese la forma interrogativa base è come quella italiana:
Tu es content ? *Sei contento?*

- Senza cambiare di significato si può anteporre **est-ce que** al soggetto: **Est-ce que tu es content ?**

- L'interrogativa di registro più elevato prevede l'inversione sogg.-verbo: **Es-tu content ?**

- Nell'inversione, quando il verbo finisce per vocale e il pronome soggetto inizia per vocale (**il/elle/on**), si intercala una **t** detta eufonica: **A-t-elle un chat ?** *Ha un gatto?*

8 **Riordinate gli elementi e trascrivete le domande ottenute.**

a. un / tu / chat / as .... ? *o* .... ?

b. t / croissants / aime / les / elle .... ?

c. au / est / ils / tennis / qu' / ce / jouent .... ?

d. ce / tu / lire / que / aimes / est .... ?

e. habites / en / Italie / tu .... ? *o* .... ?

Avverbi e aggettivi interrogativi *(Les mots interrogatifs)*

Que ?* [kë] **Quoi ?** [kwa]	*Che? / Cosa? / Che cosa?*
Qui ? [ki]	*Chi?*
Avec qui ? [avEk ki]	*Con chi?*
Quel/quelle/quels/quelles … ?* [kEl]	*Quale/i…?*
Quand ?* [ka^n]	*Quando?*
Où ? [u]	*Dove?*
Pourquoi ?** [puRkwa]	*Perché?*
Comment ? [koma^n]	*Come?*
Combien [ko^{n}bjE^n] **+ de … ?**	*Quanto/a/i/e…?*
Combien de temps ? [ko^{n}bjE^n dë ta^n]	*Quanto tempo?*
À quelle heure ? [a kEl œR]	*A che ora?*
Est-ce que…? [Eskë]	---
Qu'est-ce que…? [kEskë]	*Che cosa…?*

* **que → qu'** prima di vocale o **h** muta

** **quel** è aggettivo, il pronome corrispondente è **lequel ?** *quale?* (cfr. pag. 54)

*** la **d** muta in liaison si pronuncia [t]

**** **pourquoi** è solo interrogativo; il *perché* affermativo è **parce que**

9 Completate le frasi con questi avverbi interrogativi.
(Attenzione! Ce n'è uno in più.)

Que — Comment — Pourquoi — Qui — Où — Quand — Quelle

a. .... viennent Lucas et Clémentine ?

b. .... manges-tu au petit déjeuner ?

c. .... chanson *(canzone)* veux-tu écouter ?

d. .... est le livre sur les insectes ?

e. .... préfère un fruit ?

f. .... s'appelle-t-elle ?

10 Collegate ogni domanda alla sua risposta.

1. *Comment vas-tu ?* •

2. *Pourquoi vendent-ils leur maison ?* •

3. *À quelle heure le train arrive-t-il ?* •

4. *Avec qui Julien va-t-il au cinéma ?* •

5. *Combien de pantalons achètes-tu ?* •

6. *Où est Charlie ?* •

• **a.** *À 13 h 35.*

• **b.** *Avec Émilie.*

• **c.** *Cinq !*

• **d.** *Très bien, merci.*

• **e.** *Il est dans sa chambre.*

• **f.** *Parce qu'ils vont habiter à Paris.*

11 Traducete in italiano le seguenti domande.

a. Qui est ce garçon ? ....

b. Pourquoi ne regarde-t-il pas ce film ? ....

c. Comment vas-tu chez *(da)* Sylvain demain ? ....

d. Quelle robe mets-tu pour aller à la fête *(festa)* ? ....
....

e. Quand partez-vous en vacances ? ....
....

f. Que mangeons-nous pour le déjeuner ? ....

12 Traducete in francese le seguenti domande.

a. Che cosa ascolti? ....

b. Dove va Clarèle? ....

c. Chi è lei? ....

d. Quando guardate / guarda (Lei) il film? ....
....

e. Perché sei triste? ....

Perfetto! Avete terminato il capitolo 11. Ora contate le icone dividendole per tipo qui a fianco e poi riportate i risultati ottenuti a pag. 128.

Il passato

(infiniti, participi passati, il passato prossimo)

L'infinito *(L'infinitif)*

- Il modo infinito, forma base non coniugata di ogni verbo (*amare*, *vendere*, *finire*, ecc.), è la forma da cercare sul dizionario.

- In francese ci sono diverse desinenze possibili per gli infiniti, e soprattutto i verbi si classificano secondo la loro regolarità o irregolarità. Pertanto il primo e il secondo gruppo raggruppano solo verbi regolari, mentre gli irregolari confluiscono nel terzo (compresi quindi i verbi in **-ir** diversi da **finir** e il verbo **aller**).

  - 1° gruppo: -**er** (**aim**e**r**)
  - 2° gruppo: -**ir** (**fin**i**r**)
  - 3° gruppo: -**re** (**vend**r**e**), -**oir** (**v**oi**r**), -**ir** (**part**i**r**), -**er** (un solo verbo, **all**e**r**)

- Per negare un infinito lo si fa precedere da entrambe le negazioni **ne pas**: <u>ne pas</u> **manger**.

- Se due verbi si succedono, il primo è coniugato e il secondo all'infinito: **Je** <u>vais</u> **aller à l'école.** *Andrò / Sto per andare a scuola.* (Parleremo più avanti di questa costruzione.)

Il presente del verbo irregolare 'andare' *(Le verbe irrégulier « aller » au présent)*

aller *andare*	
je vais [žë vE / ve]	*vado*
tu vas [tü va]	*vai*
il/elle va [il/El va]	*va*
nous allons [nu zalon]	*andiamo*
vous allez [vu zale]	*andate / (Lei) va*
ils/elles vont [il/El von]	*vanno*

1 Completate queste frasi con le forme corrette del verbo **aller**.

a. Nous _____ à la piscine [pisin] samedi.

b. _____ -vous chez Coraline demain matin ?

c. Elles _____ manger des gâteaux avec Sofiane.

d. Je _____ faire mes devoirs *(compiti)* dans le salon.

e. _____ -tu acheter le livre de Marc Levy ?

2 Scrivete l'infinito dei verbi sottolineati.

a. Ingrid regarde la télévision. → ....

b. Nous avons donné un biscuit à Antoine. → ....

c. J'ai fini les pommes et les bananes. → ....

d. Ils sont descendus dans la cave. → ....

e. Vous remplissez les verres de jus d'orange. → ....

f. Astrid a répondu à la lettre de Corentin. → ....

3 Primo, secondo o terzo gruppo? Spuntate la colonna giusta.

	1° gruppo	2° gruppo	3° gruppo
chanter			
apprendre			
définir			
boire			
vendre			
répondre			
nourrir			
savoir			
entendre			
ranger			
pouvoir			

4 Traducete questi infiniti in francese, facendoli seguire dal loro gruppo.

Es. cantare → **chanter (1)**

a. imparare → .... (.......)

b. leggere → .... (.......)

c. mangiare → .... (.......)

d. scegliere → .... (.......)

e. alzarsi → .... (.......)

f. sperare → .... (.......)

g. fare → .... (.......)

I participi passati *(Les participes passés)*

- Il participio passato, che serve essenzialmente a formare i tempi composti, nei verbi regolari italiani esce in *-ato, -uto, -ito*, con moltissimi casi di participi irregolari. In francese questi ultimi sono meno numerosi: i participi passati del 3° gruppo possono uscire in **-u, -i, -s, -t** (**aller** esce in **-é**). I participi regolari, cioè del 1° e del 2° gruppo, hanno le desinenze **-é** (1°) e **-i** (2°).

- Oltre a formare i tempi composti (**j'ai** vu *ho visto*), i participi passati sono spesso usati come aggettivi: **Je suis** fatigué / fatiguée. *Sono stanco/a.*

	Infinito	Desinenza da togliere	Aggiungere	Participio passato
1° gruppo	**aimer**	**-er**	**-é**	**aimé** *amato*
2° gruppo	**finir**	**-ir**	**-i**	**fini** *finito*
3° gruppo	**vendre, faire…**	**-re…**	**-u / -t…**	**vendu** *venduto*, **fait** *fatto*

Il verbo irregolare 'fare' *(Le verbe irrégulier « faire »)*

Presente (faire *fare*)		Passato prossimo	
je fais [žë fE]	*faccio*	**j'ai fait** *ho fatto*	
tu fais [tü fE]	*fai*	**tu as fait** *hai fatto*	
il/elle fait [il/El fE]	*fa*	**il/elle a fait** *ha fatto*	
nous faisons [nu fëzoⁿ]*	*facciamo*	**nous avons fait** *abbiamo fatto*	
vous faites [vu fEt]	*fate*	**vous avez fait** *avete fatto*	
ils/elles font [il/El foⁿ]	*fanno*	**ils/elles ont fait** *hanno fatto*	

* Questa è un'eccezione di pronuncia: **faisons** [fëzoⁿ].

5 Completate la tabella con gli infiniti e i participi passati di ciascun verbo (*perdre* e *lire* come *vendre*).

Presente	Infinito	Participio passato
Elle déteste les oranges.		
Nous perdons toujours nos clés.		
Karine lit des livres de science-fiction.		
Nous finissons nos devoirs.		
Aimes-tu les crêpes ?		
Lucien réussit ses examens.		

6 Ricostruite questi passati prossimi (cfr. riquadro sotto) e traduceteli.

Es. i'aj arépl → j'ai parlé → ho parlato

a. UT SA UETANTD → .... → ....

b. uson snoav érregad → .... → ....

c. UOVS ZEAV NUEVD → .... → ....

d. Isi tno âitb → .... → ....

e. IAJ' PRNDUÉO → .... → ....

f. Ilee a up → .... → ....

Il passato prossimo (Le passé composé)

In francese il passato prossimo ha ormai sostituito completamente il passato remoto, almeno nella lingua corrente anche scritta. Si forma come in italiano, con un verbo ausiliare coniugato al presente seguito dal participio passato: **avoir** è l'ausiliare nella grande maggioranza dei casi (esempio di **faire** a pag. 64): **Il a plu vendredi dernier.** *Ha/È piovuto venerdì scorso.* Alcuni verbi attivi, meno che in italiano, hanno **être** come ausiliare (e l'accordo del participio).

Verbi che hanno *être* come ausiliare

- In questi casi, come in italiano, il participio va accordato col soggetto: **Ils sont rentrés hier.** *Sono tornati ieri.*

- Dicevamo che sono pochi i verbi attivi ad avere l'ausiliare **être**, in francese. In compenso ce l'hanno anche tutti i verbi riflessivi e passivi. Per ricordare i verbi attivi, provate con questa... signora inglese, **MRS VANDERTRAMP**, di cui ogni lettera è l'iniziale di un verbo:

monter *salire* **(monté)**, **r**etourner *ritornare* **(retourné)**, **s**ortir *uscire* **(sorti)**, **v**enir *venire* **(venu)**, **a**rriver *arrivare* **(arrivé)**, **n**aître *nascere* **(né)**, **d**escendre *scendere* **(descendu)**, **e**ntrer *entrare* **(entré)**, **r**ester *restare, rimanere* **(resté)**, **t**omber *cadere* **(tombé)**, **r**entrer *ritornare, rientrare* **(rentré)**, **a**ller *andare* **(allé)**, **m**ourir *morire* **(mort)**, **p**artir *partire* **(parti)**

L'accordo con 'essere' e 'avere' (L'accord avec être et avoir)

Quando l'ausiliare è **avoir**, di norma il participio resta invariabile, come in italiano con *avere*: **Il a réservé une chambre.** *Ha prenotato una camera.* Tuttavia, sempre come nella nostra lingua, si accorda anche con **avoir** quando:

- il complemento oggetto precede il verbo, di solito sotto forma di pronome complemento: **J'ai envoyé la lettre hier.** → **Je l'ai envoyée hier.** In francese ci sono poi altri casi analoghi che non vediamo in questo quaderno.

- Se l'ausiliare è **être**, come abbiamo detto, funzionamento identico all'italiano: **Elle est allée au théâtre.** → **Elles sont allées au théâtre.**

7 Sottolineate i participi passati corretti.

a. Elles ont **jeté / jetés / jetées** les papiers.

b. Nous avons **envoyé / envoyés / envoyées** une lettre à Carla.

c. Ils sont **resté / restés / restées** chez *(da)* Jean-Paul.

d. Tu as **lu / lus / lues** tous les livres.

e. Elle est **tombé / tombée / tombées** dans les escaliers *(le scale)*.

f. Vous avez **espéré / espérés / espérées** voir vos amies.

8 Scegliete l'ausiliare giusto (**avoir** o **être**) e coniugatelo per formare i passati prossimi.

a. Je .... montée dans la chambre.

b. Nous .... aimé ce restaurant.

c. Elles .... entrées dans l'école.

d. Tu .... appelé ton grand-père ?

e. Il .... voulu aller en Australie.

f. Nous .... arrivés à 10 h 30.

9 Coniugate al passato prossimo i verbi fra parentesi.

a. Nous (**FINIR**) .... une nouvelle leçon.

b. Elle (**vouloir**) .... rentrer à la maison.

c. Vous (**faire**) .... vos lits ?

d. Elle (**aller**) .... à la banque avec sa mère.

e. Ils (**PARTIR**) .... très tôt *(molto presto)* ce matin.

f. J' (**vendre**) .... mon pull jaune.

Participi passati irregolari (Participes passés irréguliers)

I participi passati del 3° gruppo si imparano con un po' di pratica, ma sono comunque raggruppabili in sottoinsiemi:

- desinenza in **-u** come in **avoir → eu** [ü]* *avuto*, **boire → bu** *bevuto*, **croire → cru** *creduto*, **savoir → su** *saputo*

* eccezione di pronuncia

- desinenza in **-is** come in **mettre → mis** *messo*, **prendre → pris** *preso*
- desinenza in **-t** come in **dire → dit** *detto*, **écrire → écrit** *scritto*, **faire → fait** *fatto*
- altri casi come **être → été** *stato*, **offrir → offert** *offerto*.

Qualche verbo in più (Verbes supplémentaires)

comprendre [koⁿpRaⁿdR]	capire
écrire [ekRiR]	*scrivere*
offrir [OfRiR]	*offrire*
savoir [savwaR]	*sapere*
voir [vwaR]	*vedere*

10 **Completate le frasi con i participi passati appropriati.** ●●

a. J'ai (comprendre) .... la leçon de maths !

b. Nous avons (boire) .... beaucoup d'eau hier.

c. Sophia et Amina ont (lire) .... tous les livres de la bibliothèque.

d. As-tu (faire) .... tes devoirs ?

e. Karine a (pouvoir) .... rentrer avant 21 h.

f. Rose a (écrire) .... une longue lettre à son amie.

Molto bene! Avete terminato il capitolo 12. Ora contate le icone dividendole per tipo qui a fianco e poi riportate i risultati ottenuti a pag. 128.

13

Parlare del tempo (crono e meteo)

(preposizioni e avverbi)

Le preposizioni con le stagioni (Les prépositions avec les saisons)

Osservate la differenza tra:
Je vais à la plage en été.
Vado in spiaggia in / d'estate.
Les oiseaux chantent au printemps.
Gli uccelli cantano in primavera.

en	au
en été en hiver en automne	au printemps

Le stagioni (Les saisons)

le printemps [pRE^{n}ta^n]	*primavera*
l'été [ete]	*estate*
l'automne [otOn]	*autunno*
l'hiver [ivER]	*inverno*

Le stagioni sono tutte maschili in francese. Come potete vedere qui a sinistra, sono tutte precedute dalla preposizioni **en**, con l'eccezione di **au printemps** *in primavera*.

1 **Traducete queste frasi in francese.**

a. Non vado a scuola d'estate. → ....

....

b. Loïc va in Portogallo in autunno. → ....

....

c. Natale è in inverno. → ....

....

d. A Cora piace mangiare i gelati (*des glaces*) in primavera. → ....

....

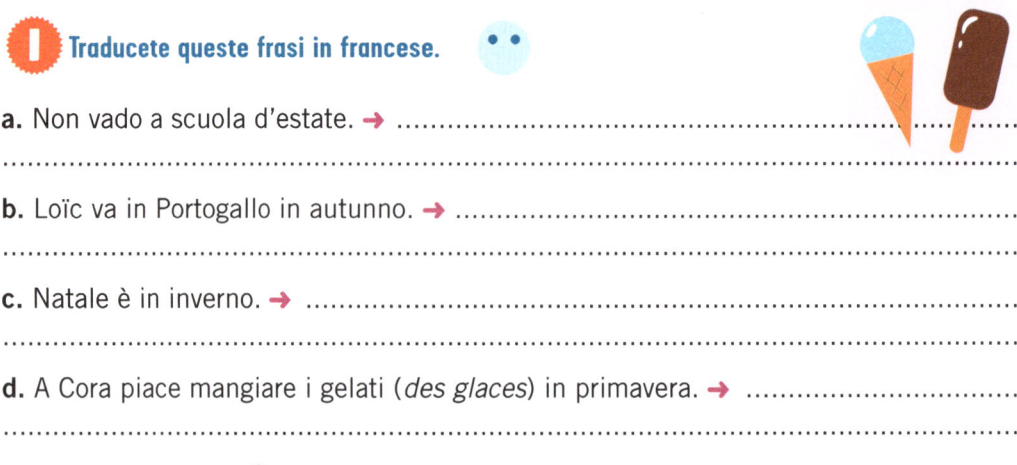

Il tempo meteorologico *(Le temps / La météo)*

Come in italiano, la parola *tempo* si riferisce sia al tempo cronologico che a quello meteorologico: **le temps**. E troviamo un'altra analogia tra le due lingue nell'uso di **faire** *fare* come principale verbo per parlare del tempo: **Il fait mauvais.** *Fa brutto.* Con nomi come **neige** *neve*, **pluie** *pioggia*, **vent** *vento*, si predilige la locuzione **il y a** *c'è* seguita però da un articolo partitivo: **Il y a du vent.** *C'è vento.* **Il y a de la neige.** *C'è la neve.*

Quel temps fait-il?	*Che tempo fa?*	**Il gèle.** [il žEl]	*Gela.*
Il fait beau.	*Fa bello.*	**Il neige.** [il nEž]	*Nevica.*
Il y a du vent.	*C'è (il) vento / Tira vento.*	**Il pleut.** [il plø]	*Piove.*
Il fait mauvais.	*Fa brutto.*	**l'éclair** (m.) [leklER]	*lampo*
Il fait froid.	*Fa freddo.*	**la neige** [la nEž]	*neve*
Il fait chaud.	*Fa caldo.*	**les nuages** (m.) [le nüaž]	*nuvole*
		l'orage (m.) [lORaž]	*temporale*
		la pluie [la plüi]	*pioggia*
		le soleil [lë solEj]	*sole*
		le vent [lë va^n]	*vento*

2 Collegate le espressioni a destra con il loro verbo.

3 Descrivete il tempo che fa in francese grazie alle illustrazioni.

IL Y A

A. … MAUVAIS

B. … DU SOLEIL

C. … DU VENT

D. … BEAU

E. … CHAUD

F. … DE LA PLUIE

IL FAIT

G. … FROID

H. … DES NUAGES

 a. → ....

 b. → ....

 c. → ....

 d. → ....

 e. → ....

Le preposizioni e locuzioni di tempo
(Les prépositions de temps)

Quando?	
à [a]	*a / alle / in*
après [apRE]	*dopo*
avant [avaⁿ]	*prima di*
dans [daⁿ]	*tra/fra (durata)*
de... à... [dë a]	*da... a... / dalle... alle...*
depuis [dëpüi]	*da*
en [aⁿ]	*in / a / di*
entre [aⁿtR]	*tra/fra (2 cose)*
jusqu'à [žüska]	*fino a*
pendant [paⁿdaⁿ]	*per / durante*
vers [vER]	*verso (le)*

4 Completate le frasi con la giusta preposizione di tempo.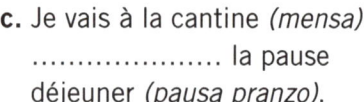

a. J'arrive à l'école ……… 8 h.

b. ……… 9 h ……… 10 h, j'ai cours *(lezione)* de géographie.

c. Je vais à la cantine *(mensa)* ………………… la pause déjeuner *(pausa pranzo)*.

d. ……………………… la pause déjeuner et la fin des cours, nous avons anglais et chimie.

e. J'ai des cours ………………… 16 h.

5 Traducete queste frasi in italiano.

a. Je me couche vers 22 h. ➡ ....

b. Je te téléphone dans 10 minutes. ➡ ....

c. Je rentre à la maison avant midi. ➡ ....

d. Je fais mes devoirs après le dîner. ➡ ....

e. Je suis à la piscine depuis ce matin. ➡ ....

I mesi *(Les mois)*

janvier [žaⁿvje]	*gennaio*	**juillet** [žüijE]	*luglio*
février [fevRje]	*febbraio*	**août** [ut]	*agosto*
mars [maRs]	*marzo*	**septembre** [sEptaⁿbR]	*settembre*
avril [avRil]	*aprile*	**octobre** [OktObR]	*ottobre*
mai [mE]	*maggio*	**novembre** [nOvaⁿbR]	*novembre*
juin [žüEⁿ]	*giugno*	**décembre** [desaⁿbR]	*dicembre*

Anche i mesi francesi sono tutti maschili. La preposizione che li accompagna è **en** *in / a*: **en janvier** *in gennaio / a gennaio*.

6 Rimettete in ordine le lettere dei nomi di questi mesi in francese.

a. tmeeepbsr = ...

b. rriéefv = ...

c. ultjiel = ...

d. inuj = ...

e. rdmecéeb = ...

f. rniejva = ...

I giorni della settimana
(Les jours de la semaine)

lundi [lœⁿdi]	lunedì
mardi [maRdi]	martedì
mercredi [mERkRëdi]	mercoledì
jeudi [žødi]	giovedì
vendredi [vaⁿdRëdi]	venerdì
samedi [samdi]	sabato
dimanche [dimaⁿsh]	domenica

Tutti i giorni della settimana sono maschili. Il modo di usarli è pressoché identico all'italiano (cfr. riquadro qui a destra).

I giorni della settimana
(Les jours de la semaine)

- Il francese, come l'italiano, indica direttamente il giorno a venire in cui accadrà qualcosa:
Je pars en vacances lundi. *Parto per le vacanze lunedì.*

- Per dire che qualcosa avviene regolarmente in un certo giorno della settimana (cosa che l'italiano può esprimere in vari modi), il francese usa solo l'articolo determinativo **le**:
Je vais à la piscine le lundi. *Vado in piscina il / al / di lunedì.*

- Il modo standard di chiedere la data è: **Quelle est la date aujourd'hui ?** *Quanti ne abbiamo oggi?*

- La data si esprime come in italiano ma con la 1ª pers. plurale del verbo *essere*: **Aujourd'hui, nous sommes le 25 octobre 2020.** *Oggi è ('siamo') il 25 ottobre 2020.*

- Anche il francese utilizza il numero ordinale per il primo del mese: **le 1er** (**le premier**) *il primo*: **le 1er janvier**.

7 Scrivete per esteso queste date come nell'esempio.

Es. 12/10/2008 → Aujourd'hui, nous sommes le 12 octobre 2008.

a. 02/02/2012 → ....

b. 05/09/2010 → ....

c. 29/04/2005 → ....

d. 01/08/2003 → ....

e. 15/06/2013 → ....

8 Traducete in francese le seguenti frasi.

a. Non vado a scuola il / di sabato. ➜ ....

b. Domenica vado al cinema. ➜ ....

c. Ho geografia il martedì. ➜ ....

d. Vado dai *(miei)* nonni il mercoledì. ➜ ....

e. *(Lei)* Va dal dentista venerdì. ➜ ....

Gli avverbi di frequenza *(Les adverbes de fréquence)*

Gli avverbi che indicano quanto spesso si compie un'azione sono collocati generalmente dopo il verbo. Nelle frasi negative si usa la costruzione **ne... jamais** *non... mai* (in cui **jamais** sostituisce **pas**): **Je ne vais jamais au cinéma.** *Non vado mai al cinema.* **Je n'ai jamais mangé de tomates.** *Non ho mai mangiato i pomodori.*

Gli avverbi di frequenza *(Les adverbes de fréquence)*

Quanto spesso? / Quante volte?	
jamais [žamE]	*mai*
rarement [RaRma^n]	*raramente*
quelquefois [kElkëfwa] **parfois** [paRfwa]	*a volte / qualche volta / talvolta*
de temps en temps [dë ta^n za^n ta^n]	*ogni tanto*
généralement [ženeRalma^n]	*di solito*
souvent [suva^n]	*spesso*
toujours [tužuR]	*sempre*

9 Sottolineate l'avverbio appropriato per ogni contesto.

a. Un coiffeur travaille **rarement / souvent** debout *(in piedi)*.

b. Un chanteur travaille **quelquefois / souvent** le soir.

c. Un professeur travaille **rarement / généralement** après les cours.

d. Un boulanger travaille **quelquefois / toujours** très tôt le matin.

e. Une infirmière travaille **quelquefois / généralement** de longues heures.

Coniugate i verbi al presente usando *ne… jamais…*

Es. Elle (regarder) **ne regarde jamais** la télé.

a. Ils (téléphoner) .... à leurs cousins.

b. Nous (écouter) .... de musique classique.

c. Vous (finir) .... vos pâtes !

d. Tu (entendre) .... les questions du professeur.

e. Je (perdre) .... mes clés.

L'anno *(L'an et l'année)*

Il francese ha due termini che traducono l'italiano *anno*, il maschile **an** e il femminile **année**. Il primo si usa di norma quando è accompagnato da un numero, e in particolare per l'età (**j'ai 30 ans** *ho 30 anni*) e con funzione distributiva (**trois fois par an** *tre volte all'anno*). Negli altri casi si usa **année**.

Gli indicatori temporali *(Les indicateurs temporels)*

Quando?	
un an [aⁿ] / **une année** [ane]	anno
aujourd'hui [ožuRdüi]	oggi
demain [dëmEⁿ]	domani
dernier [dERnje] / **dernière** [dERnjER]	scorso/a
hier [jER]	ieri
un jour [žuR]	giorno
une journée [žuRne]	giornata
maintenant [mEⁿt(ë)naⁿ]	adesso
un matin [matEⁿ]	mattino/a
une matinée [matine]	mattinata
un mois [mwa]	mese
prochain [pROshEⁿ] / **prochaine** [pROshEn]	prossimo/a
une semaine [s(ë)mEn]	settimana
un soir [swaR]	sera
une soirée [swaRe]	serata

Completate con gli indicatori temporali.

hier - prochaine - aujourd'hui - matin - maintenant - soir

a. Nous allons au restaurant ce .... à 19 h.

b. ...., je ne vais pas à l'école : c'est dimanche !

c. Mets tes chaussures et ton manteau ! Nous partons .... !

d. Nous partons en vacances la semaine ....

e. Ils sont allés au musée ....

f. Il a un cours de biologie le lundi .... de 9 h à 10 h.

Génial ! Avete terminato il capitolo 13. Ora contate le icone dividendole per tipo qui a fianco e poi riportate i risultati ottenuti a pag. 128.

Parlare dello spazio
(preposizioni e avverbi)

Le preposizioni e gli avverbi di luogo
(Les prépositions et les adverbes de lieu)

La parola 'preposizione' significa letteralmente 'posto prima'. Le preposizioni semplici o proprie (**à** *a*, **dans** *in*, **sur** *su*, …) sono infatti collocate normalmente prima di un nome o di un pronome e ne stabiliscono la relazione col resto della frase. Hanno la stessa funzione le cosiddette preposizioni improprie: **Il est <u>derrière</u> la maison.** *È <u>dietro</u> la casa.*

- Vi sono poi le locuzioni preposizionali, formate da più di un termine, come **à côté de** *accanto a*, **en dessous de** *sotto*.
- La maggior parte delle locuzioni preposizionali e delle preposizioni improprie può essere usata anche come avverbio: **Les voisins d'<u>à côté</u>.** *I vicini (della porta) <u>accanto</u>.* **Je l'ai rangé <u>dessous</u>.** *L'ho sistemato <u>sotto</u>.*

Le preposizioni e gli avverbi di luogo *(Les prépositions et les adverbes de lieu)*

Preposizioni	Avverbi	
dans [daⁿ], **en** [aⁿ]	**dedans** [dëdaⁿ]	*in, dentro*
sur [süR], **au-dessus de*** [o d(ë)sü dë]	**dessus, au-dessus**	*su, sopra, al di sopra (di)*
sous [su], **en dessous de*** [aⁿ d(ë)su dë]	**dessous, en dessous**	*sotto, al di sotto (di)*
à côté de* [a kote dë]	**à côté**	*accanto a, a fianco di, di fianco a*
devant [dëvaⁿ]	**devant**	*davanti (a)*
derrière [dERRjER]	**derrière, à l'arrière**	*dietro*
entre [aⁿtR]	-	*tra/fra (due elementi)*
parmi [paRmi]	-	*tra/fra (più elementi)*
contre [koⁿtR]	**contre**	*contro*

Preposizioni	Avverbi	
près de* [prE dë]	**(tout** [tu]) **près**	*vicino (a)*
loin de* [lwEⁿ dë]	**loin**	*lontano (da)*
en face de* [aⁿ fas dë]	**en face**	*di fronte (a)*
au milieu de* [o miljø dë]	**au milieu**	*in mezzo (a)*
à droite de* [a dRwat dë]	**à droite**	*a destra (di)*
à gauche de* [a gosh dë]	**à gauche**	*a sinistra (di)*
en bas de* [aⁿ ba dë]	**en bas**	*giù, in basso, sotto*
en haut de* [aⁿ o dë]	**en haut**	*su, in alto, in cima (a)*
vers [vER]	-	*verso*

1 Completate le frasi con le seguenti espressioni di luogo.

sous - dans - sur - entre - devant - loin de

a. Les toilettes sont .... la chambre et la cuisine.

b. Ton manteau est .... le garage.

c. Le cinéma est très .... notre maison ! Nous devons y aller en voiture *(macchina)*.

d. La pizza est .... la table de la cuisine.

e. Le chien se cache *(si nasconde)* .... le lit de mes parents.

f. Claire est dans le canapé, ... la télévision.

2 Traducete in italiano le frasi dell'esercizio precedente.

a. ....

b. ....

c. ....

d. ....

e. ....

f. ....

3 Con l'aiuto delle illustrazioni, inserite le giuste preposizioni di luogo.

a. Le chat est .... le carton.

b. Le chat est .... le carton.

c. Le chat est .... le carton.

d. Le chat est .... le carton.

e. Le chat est .... le carton.

f. Le chat est .... deux cartons.

g. Le chat est .... du carton.

h. Le chat est .... du carton.

4 Sottolineate la preposizione, locuzione o avverbio corretti in ogni frase.

a. – Où est ma chemise ? – Elle est **dans / dedans** le sac.

b. Regarde ! Sophie est **côté / à côté** de Florian !

c. – Où est la voiture ? – Elle est là : regarde, **à gauche / à gauche de**.

d. – Les clés sont-elles dans le sac ? – Non, elles sont **en dessous / en dessous de**.

e. La pharmacie est **en face / en face de** la boulangerie.

f. Le parc est **au milieu / au milieu de** la ville.

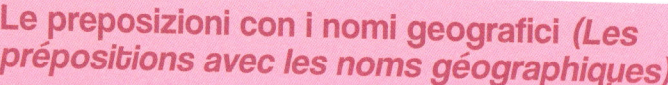

Le preposizioni con i nomi geografici (Les prépositions avec les noms géographiques)

In francese le preposizioni con i nomi di continente, nazione o regione cambiano a seconda del genere del nome. I Paesi di genere femminile (che di solito finiscono in **-e**) sono femminili e vogliono **en**, mentre i maschili prendono **au**, a patto che inizino per consonante, altrimenti la preposizione è **en**. Vi sono eccezioni per quanto riguarda Paesi maschili con **-e** finale.

Città (e alcune isole)	à		Paris Barcelone Londres
Paesi maschili che iniziano per consonante	au	a, in, negli	Japon Portugal
Paesi e continenti femminili (tutti) e Paesi maschili che iniziano per vocale	en		Europe Asie Suède Afrique
Paesi plurali	aux		États-Unis

5 Completate le seguenti frasi con **à, au, en** o **aux**.

a. Je vais .... Milan la semaine prochaine.

b. Corentin est .... Australie en ce moment *(in questo momento)*.

c. Le cousin d'Edwige habite .... Canada.

d. Julien est parti .... États-Unis ce matin *(stamattina)*.

e. Sophie rêve d'aller *(sogna di andare)* .... Chine.

f. La tour Eiffel se situe .... Paris.

6 Formate delle frasi complete con gli elementi dati, come nell'esempio.

Es. Line / Asker / Norvège → **Line habite à Asker, en Norvège.**

a. Aiko / Nagoya / Japon ....

b. Elvis / Tupelo / États-Unis ....

c. Myriam / Boismorand / France ....

d. Marco / Cascais / Portugal ....

e. Chloé / Bruges / Belgique ....

f. Louis / Montréal / Canada ....

à e chez

- La preposizione **chez** *da, presso,* indica dove una persona si trova, generalmente la casa: **Il est chez Mariette.** *È da Mariette.* **Il va chez Mariette.** *Va da Mariette.*
- La preposizione **à** *a, in,* è quella che il più delle volte si usa per i luoghi. **Je vais à l'école.** *Vado a scuola.*

à + luogo (à + le = au, à + les = aux)	à l'école à la piscine au restaurant aux urgences *(pronto soccorso)*
chez + persona	chez Christophe chez mes parents chez le dentiste

Luoghi nella città *(Lieux dans la ville)*

l'aéroport [aeRopOR]	*aeroporto*	**le magasin** [magazE^n]	*negozio*
la banque [ba^{n}k]	*banca*	**le marché** [maRshe]	*mercato*
la bibliothèque [bibljOtEk]	*biblioteca*	**le médecin** [medsE^n] / **le docteur** [dOktœR]	*medico / dottore*
la boulangerie [bula^{n}žRi]	*panetteria*	**le musée** [müze]	*museo*
		la pâtisserie [patisRi]	*pasticceria*
le cinéma [sinema]	*cinema*	**la pharmacie** [faRmasi]	*farmacia*
le dentiste [da^{n}tist]	*dentista*	**la piscine** [pisin]	*piscina*
l'église [egliz]	*chiesa*	**la place** [plas]	*piazza*
la gare [gaR]	*stazione*	**la poste** [pOst]	*posta*
l'hôpital [opital]	*ospedale*	**le théâtre** [teatR]	*teatro*
l'hôtel [otEl]	*hotel*	**les urgences** [le züRža^{n}s]	*pronto soccorso*
la librairie [libRERi]	*libreria*		

7 Traducete in italiano le seguenti frasi.

a. Corinne est à la maison. ....

b. Carlos va chez Paul samedi. ....

c. Oh, non ! Mon sac est chez ta grand-mère ! ....
....

d. Les enfants jouent au parc. ....

e. Éloïse est à l'hôpital ! ....

8 Evidenziate la preposizione corretta in ogni frase.

a. Je suis arrivé   **à l' / à la / au / chez**   école à 9 h.

b. Tu vas   **à l' / à la / au / chez**   piscine demain ?

c. Éric est allé   **à l' / à la / au / chez**   Caroline dimanche.

d. Luc est arrivé   **à l' / à la / au / chez**   musée à 17 h.

e. Maman a rendez-vous *(appuntamento)*   **à l' / à la / au / chez**
le docteur mardi.

f. Charles va   **à l' / à la / au / chez**   mer *(mare, f.)* en vacances.

9 Riordinate le lettere di ciascuno di questi luoghi e poi
riscriveteli con l'articolo determinativo appropriato.

Es. oepst ➜ **poste** ➜ **la poste**

a. mhaaeiprc ➜ .... ➜ ....

b. reugesnc ➜ .... ➜ ....

c. sneidtte ➜ .... ➜ ....

d. éeislg ➜ .... ➜ ....

e. ièbbtiuholeq ➜ .... ➜ ....

f. plaôhit ➜ .... ➜ ....

'A' e 'da' *(à et de)*

- La preposizione **à** è prevalente in francese per dire dove si va o dove si è: **Je vais à la gare.** *Vado alla stazione.* **Je suis à la piscine.** *Sono in piscina.*
- La preposizione **de** corrisponde sia a *di* che a *da*, provenienza o origine: **Je viens de la pharmacie.** *Vengo dalla farmacia.* **Je viens de Paris.** *Vengo da Parigi.*

10 Unite i due verbi alle giuste prosecuzioni delle frasi.

	a)	à la bibliothèque.
	b)	**aux urgences.**
1) *Je vais*	c)	du cinema.
	d)	de la poste.
	e)	au théâtre.
2) JE VIENS	f)	du musée.
	g)	de Sydney.
	h)	à la gare.

Bravo! Avete terminato il capitolo 14. Ora contate le icone dividendole per tipo qui a fianco e poi riportate i risultati ottenuti a pag. 128.

15

Dare ordini e fare richieste

L'imperativo (L'impératif)

- Il modo imperativo si usa per dare ordini o formulare richieste.
- Come in italiano, le forme dell'imperativo propriamente detto sono quelle relative alla 2ª persona singolare e plurale, *tu* e *voi*, e alla 1ª plurale, *noi*: **tu, nous, vous**. Per le terze persone si ricorre al congiuntivo presente.
- L'imperativo è identico all'indicativo presente, ovviamente senza i pronomi soggetto.

2ª pers. sing.	**Prends** le livre !	*Prendi il libro!*
1ª pers. plur.	**Prenons** le livre !	*Prendiamo il libro!*
2ª pers. plur.	**Prenez** le livre !	*Prendete il libro! / Prenda il libro!*

- L'unica particolarità è costituita dai verbi del 1° gruppo (in -er), da **aller** e da verbi del 3° come **offrir**, in cui cade la **-s** finale della 2ª persona singolare (**tu**): **Chante !** *Canta!* → **Ne chante pas !** *Non cantare!* **Va !** *Va'! / Vai!* → **Ne va pas !** *Non andare!* **Offre !** *Offri!*
- Soltanto quattro verbi hanno l'imperativo irregolare:

	avoir *avere*	**être** *essere*	**savoir** *sapere*	**vouloir*** *volere*
2ª pers. sing.	**aie**	**sois**	**sache**	-
1ª pers. plur.	**ayons**	**soyons**	**sachons**	-
2ª pers. plur.	**ayez**	**soyez**	**sachez**	**veuillez**

*Dell'imperativo di **vouloir** è rimasta in uso oggi solo la 2ª persona plurale, che è in ogni caso molto frequente nel linguaggio formale e corrisponde a *si prega di*: **Veuillez patienter.** *Si prega di attendere.*

 Sottolineate la forma corretta dell'imperativo in ciascuna frase.

a. (tu) **Mange / Mangeons / Mangez** tes carottes !

b. (vous) **Aie / Ayons / Ayez** du respect pour vos parents !

c. (nous) **Finis / Finissons / Finissez** l'exercice de la page 32.

d. (vous) **Obéis / Obéissons / Obéissez** à vos parents !

e. (tu) **Lave / Lavons / Lavez** ton assiette (*piatto*, f.), s'il te plaît (*per favore*).

f. (nous) **Vends / Vendons / Vendez** nos vieux livres.

2 Coniugate i verbi fra parentesi alla persona dell'imperativo indicata.

Es. (regarder/tu) les beaux oiseaux ! → **Regarde les beaux oiseaux !**

a. (arrêter/tu) .... de parler avec Julien !

b. (prendre/vous) .... les valises, s'il vous plaît.

c. (écouter/tu) .... le professeur !

d. (être/nous) .... généreux !

e. (vouloir/vous) .... entrer dans l'église silencieusement.

f. (partir/tu) .... à huit heures.

3 Traducete in italiano le seguenti frasi.

a. Mangiate il *(vostro)* pane! ....

b. Esci dal bagno! ....

c. Andiamo in biblioteca! ....

d. Guardiamo un film! ....

e. Leggete l'esercizio [a] p. 16. ....

f. Prendi un biscotto! ....

L'imperativo negativo *(L'impératif négatif)*

Come negli altri modi si usano le negazioni **ne... pas** prima e dopo il verbo. Da ricordare che l'imperativo negativo della 2ª persona singolare non si forma con l'infinito, come accade in italiano, bensì con l'imperativo affermativo: **Ne <u>mange</u> pas ces champignons !** *Non <u>mangiare</u> questi funghi!*

4 Mettete in ordine queste parole in modo da formare divieti.

a. ne / à / Sophie / téléphone / pas ....

b. pas / votre / ne / adresse *(f., indirizzo)* / donnez ....

c. les / finissez / pas / ne / oranges ....

d. tes / pas / perds / ne / clés ....

e. ne / maison / aujourd'hui / choisissons / pas / une ....

....

5 Traducete in italiano le frasi dell'esercizio precedente.

a. ....

b. ....

c. ....

d. ....

e. ....

f. ....

L'imperativo con i pronomi complemento (L'impératif avec les pronoms compléments)

Nelle frasi affermative, i pronomi complemento, diretti e indiretti, seguono il verbo come in italiano e si scrivono uniti da un trattino: **Range-les !** *Mettili a posto!* **Vends-la !** *Vendila!*

6 Cerchiate il giusto pronome complemento.

Es. les verres ➜ Remplissez-le / la / **les** .

a. l'assiette *(f.)* ➜ Lave-**le** / **la** / **les** !

b. la maison ➜ Bâtis-**le** / **la** / **les** !

c. l'exercice ➜ Finissez-**le** / **la** / **les** !

d. les problèmes ➜ Explique-**le** / **la** / **les** !

e. le train ➜ Prends-**le** / **la** / **les** !

7 Trasformate gli infiniti tra parentesi in imperativi con il pronome.

Es. Tu vois le livre ? (lire) ➜ **Lis-le !**

a. Vous voyez les enfants ? (appeler) .... !

b. Tu vois les bonbons ? (donner) .... !

c. Vous voyez la chaise ? (vendre) .... !

d. Tu vois la salade ? (prendre) .... !

e. Vous voyez la bouteille *(bottiglia)* ? (remplir) .... !

f. Tu vois l'exercice p. 4 ? (finir) .... !

L'imperativo dei verbi pronominali (*L'impératif des verbes pronominaux*)

L'imperativo affermativo dei verbi pronominali (es. **se lever** *alzarsi*) si forma come nel caso precedente, ma con i pronomi riflessivi: **toi**, **nous**, **vous**. Nel caso della 2ª persona singolare, **te** assume la forma tonica **toi**.

Lève-toi ! *Alzati!*   **Réveillons-nous !** *Svegliamoci!*   **Habillez-vous !** *Vestitevi!*

 Volgete queste frasi in ordini.

Es. Tu t'amuses. → **Amuse-toi !**

a. Vous vous douchez. → .... !

b. Nous nous levons. → .... !

c. Tu te couches. → .... !

d. Tu te promènes. → .... !

e. Vous vous réveillez. → .... !

Chiedere indicazioni stradali (*Demander le chemin*)

- Un modo educato per chiedere un'informazione per la strada è: **Excusez-moi, où est ... / où se trouve ... ?** *Mi scusi, dov'è ...? / dove si trova ...?*

- La risposta sarà di norma all'imperativo: **Tourne(z) à gauche.** *Gira/Giri a sinistra.*

Chiedere e dare indicazioni (*Demander et donner des directions*)

à droite [a dRwat]	*a destra*
à gauche [a gosh]	*a sinistra*
au coin de la rue [o kwE^n dë la Rü]	*all'angolo (della via)*
après [apRE]	*dopo*
avant [ava^n]	*prima*
continuer [ko^{n}tinüe]	*continuare*
derrière [dERiER]	*dietro*
devant [dëva^n]	*davanti*
en face de [a^n fas dë]	*di fronte a*
prendre [pRa^{n}dR]	*prendere*
tourner [tuRne]	*girare*
tout droit [tu dRwa]	*sempre diritto*
traverser [tRavERse]	*attraversare*

9 Collegate le parole francesi con i loro equivalenti italiani.

droite	girare
gauche	davanti a
devant	destra
derrière	continuare
tourner	dietro
traverser	sinistra
continuer	attraversare

10 Traducete in francese le seguenti frasi.

a. Giri a destra dopo la chiesa. ➜ ....

b. Continua sempre diritto. (**tu**) ➜ ....

c. La farmacia è dietro il museo. ➜ ....

d. La stazione è di fronte alla piscina. ➜ ....

....

e. Prendete la prima via (**rue**) a sinistra. ➜ ....

....

Benissimo! Avete terminato il capitolo 15. Ora contate le icone dividendole per tipo qui a fianco e poi riportate i risultati ottenuti a pag. 128.

16

Il futuro

Il futuro semplice (Le futur simple)

- In francese come in italiano, questo è il tempo verbale per esprimere un'azione futura, che accadrà in un momento più o meno vicino al presente.

- Per i verbi regolari, 1° e 2° gruppo, si uniscono le desinenze del futuro direttamente all'infinito. Nel 3° gruppo, i verbi in **-re** perdono la **-e** finale prima di attaccare le desinenze (che sono sempre uguali per tutti i verbi).

	aimer	finir	vendre
je/j'	aimerai	finirai	vendrai
tu	aimeras	finiras	vendras
il/elle/on	aimera	finira	vendra
nous	aimerons	finirons	vendrons
vous	aimerez	finirez	vendrez
ils/elles	aimeront	finiront	vendront

Un trucchetto mnemonico: le desinenze delle persone singolari e della 3ª plurale (**je**, **tu**, **il/elle/on** e **ils/elles**) sono identiche alle forme di **avoir** alle stesse persone. Quelle di **nous** e **vous** sono come al presente, rispettivamente **-ons** e **-ez**.

1 Completate le frasi scegliendo i verbi al futuro nella valigetta a destra.

a. Nous .... le train samedi à 14 h.

b. Elles .... en voiture dimanche matin.

c. J' .... un sandwich à la gare.

d. Jean .... le chemin de l'hôtel.

e. Tu .... un taxi pour aller au restaurant.

f. Vous .... la carte pour trouver votre chemin.

appelleras demandera
partiront lirez achèterai
prendrons

85

2 Coniugate i verbi fra parentesi alla giusta persona del futuro semplice.

a. Alice (regarder) ……………………………… la télévision avec Marco.

b. Anne et Alex (rendre) *(restituire)* ……………………………. la voiture à leurs parents.

c. Vous (bâtir) ……………………………… une nouvelle maison en centre-ville.

d. Nous (descendre) ……………………… du bus car *(poiché)* nous sommes en retard.

e. Tu (danser) ……………………………… toute la nuit !

f. Je (choisir) ……………………………… un nouveau livre.

Verbi con particolarità al futuro *(Verbes à particularités au futur)*

- I verbi in **e** + consonante + **er** al presente (come **acheter** e **appeler**) mantengono la loro particolarità in tutte le persone del futuro: un accento grave sulla **e** (**è**) o il raddoppiamento della consonante: **j'achèterai** *comprerò*, **tu appelleras** *chiamerai*.

Alcuni verbi irregolari al futuro *(Quelques verbes irréguliers au futur)*

Nel 3° gruppo alcuni verbi non formano il futuro dall'infinito, ma da una radice diversa:

- **aller** *andare*: **j'irai, tu iras, il/elle ira, nous irons, vous irez, ils/elles iront**

- **avoir** *avere*: **j'aurai, tu auras, il/elle aura, nous aurons, vous aurez, ils/elles auront**

- **courir** *correre*: **je courrai, tu courras, il/elle courra, nous courrons, vous courrez, ils/elles courront**

- **devoir** *dovere*: **je devrai, tu devras, il/elle devra, nous devrons, vous devrez, ils/elles devront**

- **envoyer *** *spedire, mandare*: **j'enverrai, tu enverras, il/elle enverra, nous enverrons, vous enverrez, ils/elles enverront**

- **être** *essere*: **je serai, tu seras, il/elle sera, nous serons, vous serez, ils/elles seront**

- **faire** *fare*: **je ferai, tu feras, il/elle fera, nous ferons, vous ferez, ils/elles feront**

- **mourir** *morire*: **je mourrai, tu mourras, il/elle mourra, nous mourrons, vous mourrez, ils/elles mourront**

- **pouvoir** *potere*: **je pourrai, tu pourras, il/elle pourra, nous pourrons, vous pourrez, ils/elles pourront**

- **savoir** *sapere*: **je saurai, tu sauras, il/elle saura, nous saurons, vous saurez, ils/elles sauront**

- **tenir** *tenere*: **je tiendrai, tu tiendras, il/elle tiendra, nous tiendrons, vous tiendrez, ils/elles tiendront**

- **venir** *venire*: **je viendrai, tu viendras, il/elle viendra, nous viendrons, vous viendrez, ils/elles viendront**

- **voir** *vedere*: **je verrai, tu verras, il/elle verra, nous verrons, vous verrez, ils/elles verront**

- **vouloir** *volere*: **je voudrai, tu voudras, il/elle voudra, nous voudrons, vous voudrez, ils/elles voudront**

* tecnicamente **envoyer** è un verbo del 1° gruppo, ma con futuro e condizionale irregolari.

3 Sottolineate in questo brano i 10 verbi al futuro semplice.

Charlotte est contente : son frère, Éric, arrivera demain de Paris et passera une semaine avec elle. Ils iront au musée des sciences puis mangeront au restaurant. Éric partira ensuite pendant deux jours et verra son ami Philippe à Tours : « Tu viendras avec moi ? » demandera Éric à Charlotte. « Oui, peut-être ! J'irai voir mon amie Sophie ! » répondra Charlotte.

 **Cerchiate la forma corretta di ciascun futuro.**

a. Elle **saurai / sauras / saura** si elle part à Paris samedi.

b. **Viendrons / Viendra / Viendras**-tu avec ta sœur au cinéma ?

c. Nous **serez / sera / serons** très heureux de venir vous voir *(a trovarvi).*

d. Tu ne **devrai / devras / devrez** pas te lever à 8 h.

e. **Ferai / Ferez / Feront**-vous un gâteau pour la fête *(festa)* de Mélanie ?

f. Caroline et Stéphanie **verrons / verront / veront** le nouveau film de Jean Dujardin vendredi prochain.

5 Coniugate gli infiniti fra parentesi al futuro semplice.

a. Nous (venir) .... vous voir dimanche à midi.

b. Je ne (voir) .... pas Colette demain soir.

c. Vous (pouvoir) .... manger des bonbons après le dîner.

d. Maéva (faire) .... ses devoirs ce week-end.

e. Paula et Aymeric (devoir) ....
aider leurs parents dans le jardin.

f. Tu (courir) ....
pour aller à l'école !

Il futuro prossimo *(Le futur proche)*

- Il francese, per esprimere il futuro, ricorre tantissimo a una perifrasi formata dal verbo **aller** *andare* al presente + infinito, che corrisponde letteralmente alle nostre *stare per*, *essere sul punto di* e propriamente indica appunto un futuro imminente: **Je vais partir en vacances demain.** *Parto / Partirò per le vacanze domani.* **Il va manger au restaurant ce soir.** *Mangia / Mangerà al ristorante stasera.*

- Anche in francese, come in italiano, si usa spesso il presente al posto del futuro, nella lingua di tutti i giorni, soprattutto per esprimere un futuro prossimo: **Demain, je mange au restaurant.** *Domani mangio al ristorante.*

6 Coniugate al presente il verbo *aller*.

je .... il/elle .... vous ....

tu .... nous .... ils/elles ....

7 Completate queste frasi con il *futur proche* (con **aller**).

Es. Nous (aider) **allons aider** Karine à faire ses devoirs dimanche.

a. Vite *(Presto)*! Vous (rater) *(perdere)* .... le bus !

b. Nous (voir) .... Lucie à l'hôpital jeudi prochain.

c. Corentin (écouter) .... son nouveau CD ce soir.

d. Clarice et Lison (manger) .... tous les bonbons !

e. Je (téléphoner) .... à ton professeur demain.

f. Ils (choisir) .... leurs matières l'année prochaine.

Il *futur proche* alla forma negativa (*La négation au futur proche*)

• Le negazioni **ne… pas** si collocano prima e dopo la forma coniugata di **aller**:
Elle <u>ne</u> va <u>pas</u> aller au cinéma ce soir. *Non va / andrà al cinema stasera.*
Il <u>ne</u> va <u>pas</u> se lever à 8 heures demain matin. *Non si alza / alzerà alle 8 domattina.*

8 **Riscrivete queste frasi alla forma negativa.**

a. J'irai au Portugal l'année prochaine. ➜ ....
....

b. Nous allons voir l'Arc de Triomphe à Paris. ➜ ....
....

c. Ils vont manger tous les haricots verts *(fagiolini)* et les brocolis. ➜ ....
....

d. Vous visiterez le Canada en train. ➜ ....
....

e. Audrey va prendre le bus pour aller à Tours. ➜ ....
....

9 **Traducete in francese le seguenti frasi.**

a. Non guarderò la TV. ➜ ....
b. Non aspetteranno (**attendre**; fut. proche) il bus. ➜ ....
....

c. Sonia non perderà (**perdre**; fut. proche) la sua borsetta (**sac à main**, m.). ➜ ....
....

d. Il treno non partirà alle 10. ➜ ....
....

e. Philippe sta per rispondere alle domande. ➜ ....
....

Risolvete il cruciverba con le traduzioni francesi delle forme verbali date.

a. leggerai – farà

c. vorranno

e. amerai

h. sarò

i. dipingerà

j. amerò

l. chiederete

1. ti alzerai (**tu te** _____)

3. verrete

5. saprò

7. riempirà

8. ho

9. finiremo

11. spererete

13. crederò

	1	2	3	4	5	6	7	8	9	10	11	12	13
a	—		—		—				—	—	—	—	
b	—								—				—
c	—			—									—
d	—			—						—			—
e	—								—				
f	—			—									
g		—							—				
h									—				
i		—		—									
j		—											
k											—		
l		—											

Chapeau! Avete terminato il capitolo 16. Ora contate le icone dividendole per tipo qui a fianco e poi riportate i risultati ottenuti a pag. 128.

17
Gli avverbi

La formazione degli avverbi (La formation des adverbes)

- L'avverbio è quella parte del discorso che interviene a modificare un nome, un aggettivo o un altro avverbio apportando diversi tipi di significato.

- In italiano molti avverbi di modo aggiungono all'aggettivo il suffisso -mente. In francese il procedimento è analogo, con il suffisso **-ment**. Il suffisso si aggiunge all'aggettivo maschile quando questo finisce per vocale (**rapide** *veloce* → **rapide**ment *velocemente*, **absolu** *assoluto* → **absolu**ment *assolutamente*, **vrai** *vero* → **vrai**ment *veramente*) oppure al femminile quando il maschile finisce per consonante (**lent** *lento* → **lent**e *lenta* → **lent**ement *lentamente*).

- Ci sono poi alcuni avverbi in **-ment** che hanno qualche tipo di irregolarità: **bref** *breve* → **brièvement** *brevemente*, **gentil** *gentile* → **gentiment** *gentilmente*.

- Gli aggettivi che finiscono in **-ant** prendono il suffisso **-amment** e quelli in **-ent** il suffisso **-emment**: **courant** *comune* → **couramment** *comunemente*, **patient** *paziente* → **patiemment** *pazientemente*.

- Pochi altri sono in **-ément**: **précisément** *precisamente*, **énormément** *enormemente*.

I Trasformate i seguenti aggettivi in avverbi.

a. joli → ....

b. triste → ....

c. grand → ....

d. léger → ....

e. joyeux → ....

f. gentil → ....

g. suffisant *(sufficiente)* → ....

Gli avverbi di modo o maniera *(Les adverbes de manière)*

- Esprimono come una cosa è fatta, in che modo. Nella maggior parte dei casi finiscono in **-ment** (es. **rapidement** *velocemente*, **lentement** *lentamente*, **sérieusement** *seriamente*).

- Come in italiano, ce ne sono alcuni con una forma diversa rispetto all'aggettivo.

Aggettivi		Avverbi	
bon [bo^n]	*buono / bello*	**bien** [bjE^n]	*bene*
mauvais [movE]	*cattivo / brutto*	**mal** [mal]	*male*
meilleur [mEjœR]	*migliore*	**mieux** [mjø]	*meglio*

2 Completate le seguenti frasi con i termini proposti qui sotto e aggiungete se si tratta di aggettivi (AGG) o avverbi (AVV).

rapidement - *mauvais* - *gentiment* - *bien* - *jolie* - *bon* - *meilleur*

a. C'est le .... gâteau de la pâtisserie.

b. Sa mère m'a parlé ....

c. Ce dessert était très ....

d. Elle entre dans la banque .... car son bus arrive dans cinq minutes.

e. Sa grand-mère va très ...., merci.

f. Demain, il fera .... Il y aura beaucoup de nuages.

g. Carole est vraiment .... aujourd'hui avec sa robe rouge !

Gli avverbi di frequenza *(Les adverbes de fréquence)*

Un ripasso degli avverbi presentati a pag. 72.

- -	**jamais**	*mai*
-	**rarement**	*raramente*
+	**quelquefois** **parfois** **de temps en temps**	*qualche volta* *a volte* *di tanto in tanto*
+ +	**souvent** **généralement**	*spesso* *generalmente*
+ + +	**toujours** **tout le temps**	*sempre* *di continuo*

Sottolineate l'avverbio di frequenza più adatto secondo il contesto.

a. Un coiffeur parle **rarement / généralement** avec ses clients.

b. Une boulangère vend **rarement / toujours** du pain.

c. Un fermier travaille **parfois / toujours** avec un ordinateur *(computer)*.

d. Une musicienne travaille **rarement / généralement** dans un bureau.

e. Un boucher vend **quelquefois / toujours** de la viande.

 Traducete in francese le seguenti frasi.

a. Vado spesso al cinema. → ....

b. Mia sorella mangia cioccolato in continuazione. → ....

....

c. Non leggono mai. → ....

d. Henri a volte si alza alle 7. → ....

....

e. Il professore non saluta mai *(non dice mai buongiorno)*. → ....

Gli avverbi di tempo *(Les adverbes de temps)*

Rispondono alla domanda **Quand ?** *Quando?* Gli avverbi che si riferiscono a momenti specifici (es. **aujourd'hui**) si collocano indifferentemente a inizio o fine frase.

après [apRE]	*dopo*	**hier** [jER]	*ieri*
après-demain [apRE dëmEⁿ]	*dopodomani*	**il y a …** [ilja]	*… fa*
		jamais [žamE]	*mai*
aujourd'hui [ožuRdüi]	*oggi*	**maintenant** [mEⁿt(ë)naⁿ]	*adesso, ora*
autrefois [otRëfwa]	*una volta, un tempo*	**parfois** [paRfwa]	*talvolta*
		puis [püi]	*poi*
avant [avaⁿ]	*prima*	**rarement** [RaRmaⁿ]	*raramente*
avant-hier [avaⁿ tjER]	*l'altro ieri*	**souvent** [suvaⁿ]	*spesso*
bientôt [bjEⁿto]	*presto (tra poco)*	**tard** [taR]	*tardi*
		tôt [to]	*presto (di buon'ora)*
déjà [deža]	*già*		
demain [dëmEⁿ]	*domani*	**toujours** [tužuR]	*sempre*
depuis [dëpüi]	*da allora*	**tout de suite** [tu d(ë) süit]	*subito*
ensuite [aⁿsüit]	*poi, dopo*		

5 Completate le frasi con gli avverbi appropriati fra quelli qui sotto.

DEMAIN - BIENTÔT - TARD - TÔT - SOUVENT - HIER - JAMAIS

a. Je ne vais .... au musée : c'est trop ennuyeux *(noioso)* !

b. Rachel ira chez ses grands-parents ....

c. Vous devez vous lever .... : le train part à 6 h !

d. Nous allons .... au cinéma car nous adorons voir les nouveaux films.

e. Tu ne peux pas rentrer après minuit : c'est trop .... !

f. ...., nous sommes allés chez le dentiste : c'était horrible !

g. Dépêchez-vous *(Sbrigatevi)* ! Le bus va .... partir !

6 Traducete in italiano le frasi dell'esercizio precedente.

a. ....

b. ....

c. ....

d. ....

e. ....

f. ....

g. ....

Gli avverbi di luogo *(Les adverbes de lieu)*

Rispondono alla domanda **Où ?** *Dove?* Possono essere collocati prima o dopo il verbo, ma generalmente lo seguono.

à droite [a dRwat]	*a destra*	**ici** [isi]	*qui, qua*
à gauche [a gosh]	*a sinistra*	**là** [la]	*lì, là, qui*
à l'intérieur [a lE^{n}teRjœR]	*dentro, all'interno*	**là-bas** [la ba]	*là, laggiù*
autour [otuR]	*intorno*	**près** [pRE]	*vicino*
dedans [dëda^n]	*dentro*	**loin** [lwE^n]	*lontano*
dehors [dëOR]	*fuori*	**nulle part** [nül paR]	*da nessuna parte*
devant [dëva^n]	*davanti*	**partout** [paRtu]	*dappertutto*
en bas [a^n ba]	*giù, (di) sotto, in basso*	**quelque part** [kElkë paR]	*da qualche parte*
en haut [a^n o]	*su, (di) sopra, in alto*		

Completate le frasi scegliendo fra gli avverbi proposti qui sotto.

EN HAUT – DEHORS – EN BAS – PARTOUT – LÀ-BAS – LOIN – NULLE PART

a. Je n'ai pas trouvé mes clés. J'ai cherché ....
mais je ne les ai trouvées ....

b. « Où est maman ? – Elle est ...., regarde, à côté de la voiture
sur le parking ! »

c. « Où est la valise *(valigia)* ? – Elle est ...., à la cave. »

d. « Et les manteaux ? Où sont-ils ? – Ils sont ...., au grenier *(nel solaio)*. »

e. « Peut-on aller à l'école à pied ? – Oh, non, c'est trop .... Nous irons à
l'école en voiture ! »

f. « As-tu vu Rex ? – Oui, il est ...., dans le jardin. »

Gli avverbi di quantità *(Les adverbes de quantité)*

Se usati come aggettivi prima di un nome, sono accompagnati da **de**.

Quanto? / Quanto/a/i/e?	
asse z (de) [ase dë]	*abbastanza*
beaucou p (de) [boku dë]	*molto*
peu (de) [pø dë]	*poco*
plus (de) [plüs dë]	*(di) più*
tro p (de) [tRo dë]	*troppo*
un peu (de) [œ^n pø dë]	*un po'*

8 Completate con gli avverbi nel bricco del caffè.

Voulez-vous encore du café, madame ?

– Non merci, j'en ai **(a)** ....

– Et désirez-vous **(b)** .... sucre *(zucchero)* ?

– Oh là là ! Non, il y en a déjà **(c)** .... !

– Du lait, peut-être *(forse)* ? En *(Ne)* voulez-vous **(d)**
.... ?

– Oh non ! **(e)** ...., s'il vous plaît !!!
J'adore le lait !

un peu
assez
beaucoup
plus de
trop

Gli avverbi interrogativi
(Les adverbes interrogatifs)

Si usano per porre domande (cfr. le pagine 59-61 sugli interrogativi). Se usato come aggettivo prima di un nome, **combien** è seguito da **de**.

Combien (de) ? [koⁿbjEⁿ]	*Quanto?*
Comment ? [komaⁿ]	*Come?*
Où ? [u]	*Dove?*
Pourquoi ? [puRkwa]	*Perché?*
Quand ? [kaⁿ]	*Quando?*
Quoi ? [kwa]	*(Che) cosa?*
Qui ? [ki]	*Chi?*

9 Completate le frasi con gli avverbi interrogativi appropriati.

a. « .... venez-vous à Paris ? – Nous venons vous voir en septembre. »

b. « .... es-tu triste ? – J'ai perdu mon chat ! »

c. « .... est ce garçon avec ta sœur ? – C'est Marc, son ami. »

d. « .... vas-tu aujourd'hui ? – Je vais bien.»

e. « .... est papa ? – Il est dans le garage. »

f. « .... de sucres *(zollette)* veux-tu dans ton café ? – Deux, s'il te plaît. »

La posizione degli avverbi (La place des adverbes)

- Quando l'avverbio qualifica un aggettivo, di norma lo precede: **Elle est <u>vraiment</u> jolie.** È _davvero_ carina.

- Se invece accompagna un verbo, generalmente lo segue: **Julie est rentrée <u>rapidement</u>.** _Julie è tornata <u>rapidamente</u>._

- Gli avverbi lunghi seguono il participio passato, come in italiano: **Carlos a mangé <u>lentement</u>.** _Carlos ha mangiato <u>lentamente</u>._ (Normalmente fanno eccezione **certainement** _certamente_, **complètement** _completamente_, **probablement** _probabilmente_: **Il est <u>probablement</u> parti.** _<u>Probabilmente</u> è partito._)

- Al contrario, avverbi brevi come **bien** _bene_, **souvent** _spesso_, **mal** _male_, **beaucoup** _molto_, precedono il participio passato (e l'infinito): **J'ai <u>bien</u> mangé.** _Ho mangiato <u>bene</u>._

- Nelle frasi negative, l'avverbio segue **pas**: **Elle dort bien.** _Dorme bene._ → **Elle ne dort pas bien.** _Non dorme bene._

10 Rimettete in ordine le parole e ricostruite le frasi.

a. son / a / rapidement / bu / café / il
→ ....

b. pas / au / cinéma / je / souvent / ne / vais
→ ....

c. très / gentil / est / Sylvain / vraiment
→ ....

d. sa / mieux / va / beaucoup / grand-mère
→ ....

e. ne / Léa / mange / de / pain / jamais
→ ....

f. au / ils / cinéma / sont / avant-hier / allés
→ ....

Chouette! Avete terminato il capitolo 17. Ora contate le icone dividendole per tipo qui a fianco e poi riportate i risultati ottenuti a pag. 128.

Comparativi e superlativi

I comparativi di qualità o dell'aggettivo (Le comparatif et les adjectifs)

- Il comparativo dell'aggettivo paragona le qualità di due elementi ed è suddiviso in comparativo di minoranza, di uguaglianza e di maggioranza.

- Il comparativo di <u>minoranza</u> francese si esprime con **moins... que...** *meno ... di/che*: **Karine est <u>moins</u> fatiguée <u>que</u> Coralie.** *Karine è <u>meno</u> stanca <u>di</u> Coralie.*

- Il comparativo di <u>uguaglianza</u> utilizza **aussi... que...** *(tanto) ... come/quanto*: **Sophie est <u>aussi</u> intelligente qu'Éloïse.** *Sophie è intelligente <u>come</u> Eloïse.* **Aussi** viene usato solo nel comparativo dell'aggettivo (e non del nome).

- Il comparativo di <u>maggioranza</u> fa ricorso a **plus... que...** *più ... di/che*: **Pierre est <u>plus</u> bavard <u>que</u> Daniel.** *Pierre è <u>più</u> chiacchierone <u>di</u> Daniel.*

- **Que** diventa **qu'** prima di una vocale o di una **h** muta.

Altri aggettivi (D'autres adjectifs)

Le desinenze femminili sono tra parentesi.

affreux(se) [afRø(z)]	*orribile*
amusant(e) [amüza^n(t)]	*divertente*
difficile [difisil]	*difficile*
ennuyeux(se) [a^{n}nüjø(z)]	*noioso*
facile [fasil]	*facile*
fatigant(e) [fatiga^n(t)]	*faticoso*
fatigué(e) [fatighe]	*stanco*
génial(e) [ženjal]	*grandioso*
important(e) [E^{n}pORta^n(t)]	*importante*
intéressant(e) [E^{n}terEsa^n(t)]	*interessante*
inutile [inütil]	*inutile*
mignon(ne) [migno^n] / [mignOn]	*carino / tenero*
utile [ütil]	*utile*

I Collegate gli aggettivi francesi ai loro equivalenti italiani.

1. fatigué
2. fatigante
3. affreux
4. facile
5. ennuyeux
6. amusante
7. mignonne

a. orribile
b. carina
c. divertente
d. noioso
e. stanco
f. facile
g. faticosa

2 **Scrivete il femminile di questi aggettivi e poi traduceteli in italiano.** • •

a. mignon → .... → ....

b. génial → .... → ....

c. intéressant → .... → ....

d. affreux → .... → ....

e. inutile → .... → ....

f. intelligent → .... → ....

3 **Riscrivete queste frasi usando i comparativi. I simboli vi indicano quali sono richiesti (- meno di / = come / + più di).**

Es. La chimie est (inutile =) aussi inutile que le théâtre.

a. Les mathématiques sont (**utile +**) le sport. → ....

b. L'histoire (f.) est (**intéressant -**) la chimie. → ....

c. Le sport est (**amusant +**) le français. → ....

d. La géographie est (**ennuyeux =**) la musique. → ....

e. L'informatique (f.) est (**fatigant -**) le sport. → ....

4 **Traducete in italiano le seguenti frasi.** • •

a. La table est plus grande que la chaise. → ....
....

b. Louis est moins gentil que Julien. → ....
....

c. Le gâteau de Julie est aussi mauvais que le tien ! → ....
....

d. Cette robe est plus jolie que celle-là. → ....
....

e. Le sac bleu est aussi léger que le sac rouge. → ....
....

Il comparativo degli avverbi (Le comparatif et les adverbes)

Con gli avverbi, i comparativi si comportano come con gli aggettivi. **Il écrit plus lentement qu'elle.** *Scrive più lentamente di lei.*

- Come abbiamo visto a pag. 91, il suffisso **-ment** è il più comune per formare un avverbio a partire da un aggettivo maschile, se finisce per vocale (**joli** *grazioso* → **joliment** *graziosamente*) o dal femminile, se il suo maschile finisce per consonante (**seul** *solo* → **seule** → **seulement** *solamente, soltanto*).

- Casi particolari sono, per esempio: **prudent** *prudente* → **prudemment** *prudentemente*, **énorme** *enorme* → **énormément** *enormemente*, **meilleur** *migliore* → **mieux** *meglio*, **gentil** *gentile* → **gentiment** *gentilmente*.

- Alcuni avverbi non si formano da aggettivi: **vite** *veloce(mente), presto, in fretta*, **bien** *bene*, **mal** *male*. **Je vais aussi vite que toi.** *Vado veloce quanto te.* **L'élève parle moins bien que le professeur.** *L'allievo parla meno bene del professore.*

5 Aggettivo o avverbio? Trascrivete ogni vocabolo nella colonna giusta.

gentil – mieux – lentement – mauvais
gentiment – doucement – jeune - heureuse

Aggettivi	Avverbi

6 Trasformate questi aggettivi in avverbi.

a. rare → ....

b. prudent → ....

c. calme → ....

d. rapide → ....

e. énorme → ....

f. gentil → ....

Il superlativo relativo *(Le superlatif relatif)*

Esprime il massimo o il minimo grado di qualcosa o qualcuno rispetto a un insieme più ampio di elementi. In francese si forma come in italiano, con in più la ripetizione dell'articolo che accompagna l'aggettivo (quando questo segue il nome).

- Si usano pertanto gli articoli determinativi (**le**, **la** o **les**) + **plus** *più* o **moins** *meno* + l'articolo già espresso (**le**, **la** o **les**) + l'aggettivo: <u>les</u> pommes <u>les</u> plus rouges *le mele più rosse*. **C'est <u>le</u> restaurant <u>le</u> plus cher de la ville.** *È il ristorante più caro della città.*

- Se invece l'aggettivo precede il nome, l'articolo non viene ripetuto: **C'est le plus cher restaurant de la ville.** *È il più caro ristorante della città.*

- Nessuna variazione rispetto all'italiano nemmeno quando il nome non è espresso: **Martine est la plus intelligente de la classe.** *Martine è la più intelligente della classe.*

7 Cerchiate l'articolo giusto in ogni frase.

a. C'est **le / la / les** plus belle maison du quartier.

b. C'est **le / la / les** plus gentil professeur de l'école.

c. Ce sont les garçons **le / la / les** plus polis *(educati)* de la classe.

d. C'est le chien **le / la / les** plus méchant du parc.

e. C'est la robe **le / la / les** plus jolie du magasin.

8 Scrivete la forma corretta di ciascun aggettivo.

Es. Ces bébés sont les plus (mignon) de l'hôpital. → mignons

a. Ce film est le plus (**intéressant**) de la collection. → ....

b. Ces paniers *(cestini)* sont les plus (**lourd** *pesante*) du marché. → ....

c. Leurs voitures sont les plus (**propre** *pulito*) de la rue ! → ....

d. Ces filles sont les plus (**gentil**) de la famille. → ....

e. Cette grand-mère est la plus (**vieux**) du village. → ....

Forme irregolari *(Formes irrégulières)*

Come in italiano, esistono comparativi e superlativi irregolari, di origine latina.

- L'aggettivo **mauvais** *cattivo* diventa **pire** *peggiore* al comparativo (si può usare anche, meno correttamente, **le plus mauvais**): **Il est pire que moi.** *È peggiore di me.* Al superlativo relativo abbiamo **le/la/les pire(s)** *il/la peggiore, i/le peggiori*: **C'est la pire semaine de ma vie !** *È la peggior settimana della mia vita!*

- L'aggettivo **bon** *buono* diventa **meilleur** *migliore* al comparativo e **le/la/les meilleur(e)(s)** *il/la migliore, i/le migliori* al superlativo relativo.

- L'avverbio **bien** *bene* dà origine a **mieux** *meglio* al comparativo: **Je me sens mieux depuis la semaine dernière.** *Mi sento meglio dalla settimana scorsa.*

9 Scrivete il comparativo o il superlativo appropriati.

*Es. Noah est (+ mignon) **le plus mignon** de sa classe.*

a. C'est (**+ bon**) .... dessert du menu.

b. Elles sont (**+ timide**) .... leurs sœurs.

c. Audrey est (**+ généreuse**) .... de la famille.

d. Ce film est (**+ mauvais**) .... du programme.

e. Lola est (**+ jeune**) .... Vanessa.

10 Traducete in francese le seguenti frasi.

a. Questo libro è il peggiore della biblioteca.

➜ ....

....

b. David è più piccolo di Geoffroy.

➜ ....

....

c. Edwige è la ragazza più felice della scuola.

➜ ....

....

d. Ninon è meno triste di Olivier.

➜ ....

....

e. Questi ragazzi sono i migliori giocatori (**joueurs**) della squadra (**l'équipe**).

➜ ....

....

Bravissimi! Avete terminato il capitolo 18. Ora contate le icone dividendole per tipo qui a fianco e poi riportate i risultati ottenuti a pag. 128.

19
Le congiunzioni

Le congiunzioni *(Les conjonctions)*

Sono le parti del discorso che uniscono parole, frasi o periodi. Ne sono degli esempi **et** *e*, **mais** *ma*, **ou** *o* e **parce que** *perché*.

Le congiunzioni e locuzioni coordinanti *(Les conjonctions de coordination)*

Uniscono due elementi sullo stesso piano dal punto di vista sintattico e logico.

d'ailleurs [dajœR]	*d'altronde*	**en effet** [a^n nEfE]	*in effetti*
ainsi [E^{n}si]	*così*	**et** [e]	*e*
au contraire [o ko^{n}tRER]	*al contrario, invece*	**mais** [mE]	*ma, però*
aussi [osi]	*così*	**néanmoins** [nea^{n}mwE^n]	*ciò nondimeno, tuttavia*
car [kaR]	*poiché, perché*	**ni... ni...** [ni ni]	*né... né...*
c'est-à-dire [sEtadiR]	*cioè*	**or** [OR]	*ora, orbene*
c'est pourquoi [sE puRkwa]	*ecco perché*	**ou** [u]	*o, oppure*
cependant [sëpa^{n}da^n]	*ciononostante, tuttavia*	**pourtant** [puRta^n]	*però, eppure*
		toutefois [tutfwa]	*tuttavia*
donc [do^{n}k]	*dunque, quindi, allora*	**soit... soit...** [swa swa]	*o... o...*

1 Sottolineate le congiunzioni coordinanti nelle seguenti frasi.

a. Je l'ai attendu *(L'ho aspettato)* mais il n'est pas venu.

b. Ni Sophie ni Loïc n'ont de chien.

c. J'ai faim *(Ho fame)*. Toutefois, je t'attendrai pour manger.

d. Il fait très froid aujourd'hui ; d'ailleurs, nous avons mis le chauffage *(riscaldamento)*.

e. Il pleut beaucoup donc j'ai pris le parapluie *(ombrello)*.

f. Tu viens avec moi ou tu restes *(rimani)* à la maison ?

2 Completate le frasi con le congiunzioni appropriate fra quelle qui sotto.

soit... soit... - donc - c'est pourquoi - et - car

a. Laetitia n'aime pas skier, ... elle reste au chalet.

b. Je suis au lit .... je suis malade.

c. .... Lucien vient .... il ne vient pas.

d. Lauriane s'est levée .... elle a pris son petit déjeuner.

e. Charlie n'a pas réussi son examen ; .... il est grognon *(scontroso)*.

Le congiunzioni subordinanti (Les conjonctions de subordination)

Uniscono una frase subordinata alla principale. Una frase subordinata (o secondaria) apporta maggiori informazioni sulla frase principale (o reggente). Il legame tra le due è sempre espresso da una congiunzione. Mentre la principale può esistere da sola, una subordinata ha senso solo nel contesto generato dalla principale da cui dipende.

Frase principale	Frase subordinata
Je l'aime bien	**parce qu'elle est très gentille.**
Le voglio molto bene	*perché è molto gentile / brava.*

Le congiunzioni e locuzioni subordinanti *(Les conjonctions de subordination)*

alors que [alOR kë]	*mentre* (avversativa)	**dès que** [dE kë]	*(non) appena*
		lorsque [lORskë]	*quando*
à moins que [a mwE^n kë]	*a meno che*	**parce que** [paRs(ë) kë]	*perché*
afin que [afE^n kë]	*affinché, perché* (finale)	**pendant que** [pa^{n}da^n kë]	*mentre* (tempo)
		puisque [püiskë]	*poiché*
après que [apRE kë]	*dopo che*	**quand** [ka^n]	*quando*
aussitôt que [osito kë]	*(non) appena*	**que** [kë]	*che*
		si [si]	*se*
comme [kOm]	*come, siccome*	**tandis que** [ta^{n}di(s) kë]	*mentre* (avversativa)
depuis que [dëpüi kë]	*da quando*		

Nota: alcune di queste congiunzioni sono seguite dal congiuntivo, modo verbale che non abbiamo affrontato in questo quaderno.

3 Collegate le congiunzioni francesi alle loro equivalenti italiane.

1. pendant que

2. lorsque

3. tandis que

4. aussitôt que

5. après que

6. depuis que

7. comme

a. quando

b. siccome

c. da quando

d. mentre *(tempo)*

e. dopo che

f. mentre *(avversativa)*

g. non appena

4 Sottolineate le congiunzioni subordinanti in queste frasi e poi traducetele.

a. Je suis tombé amoureux *(Mi sono innamorato)* d'Ophélie dès que je l'ai vue. ➜ ....

b. Mathilde est en colère *(è arrabbiata)* parce que son chien a mangé le gâteau. ➜ ....

c. Quand il rentre de l'école, il mange beaucoup.
➜ ....

d. Je ne cuisine *(cucino)* pas de brocolis puisque les enfants ne les aiment pas.
➜ ....

e. Si tu veux plus de chocolat, tu dois demander !
➜ ....

f. Depuis que je suis allée au Portugal, je veux y retourner *(tornarci)* !
➜ ....

Altre congiunzioni *(D'autres conjonctions)*

La tabella della pagina seguente presenta le principali congiunzioni, locuzioni congiuntive e avverbi suddivisi per significato. Vi permetteranno di esprimere la successione temporale, di suggerire un'alternativa, di esprimere un'idea contraria, di fare esempi e di concludere un discorso.

Sequenze temporali o di argomenti *(Ordonner)*

d'abord [dabOR]	*prima di tutto, innanzitutto*
premièrement [prëmjERmaⁿ]	*in primo luogo*
deuxièmement [døzjEmmaⁿ]	*in secondo luogo*
ensuite [aⁿsüit] / **puis** [püi]	*poi, in seguito*
finalement [finalmaⁿ]	*alla fine, infine*

Proporre un'alternativa *(Proposer une alternative)*

d'un côté [dœⁿ kote] **...** **de l'autre (côté)** [dë lotR] **...**	*da un lato...* *dall'altro...*
ou... ou... [u]	*o... o...*
par ailleurs [paR ajœR]	*peraltro*
de plus [dë plüs]	*in più, inoltre*

Opporsi a un'idea *(Opposer des idées)*

au contraire [o koⁿtRER]	*al contrario*
par contre [paR koⁿtR]	*invece*
d'un autre côté [dœⁿ notR kote]	*d'altra parte*
en revanche [aⁿ Rëvaⁿsh]	*in compenso*

Suggerire degli esempi *(Suggérer des exemples)*

ainsi [Eⁿsi]	*così, perciò*
donc [doⁿk]	*dunque, quindi*
notamment [nOtamaⁿ]	*in particolare*
par exemple [paR Egzaⁿpl]	*per esempio*

Concludere un discorso *(Conclure)*

en bref [aⁿ bREf]	*in breve*
en conclusion [aⁿ koⁿklüzjoⁿ] **pour conclure** [puR koⁿklüR]	*in conclusione, per concludere*
en résumé [aⁿ Rezüme]	*riassumendo, in sintesi*
finalement [finalmaⁿ]	*infine, alla fine*
pour finir [puR finiR]	*per finire*

5 Unite le seguenti congiunzioni francesi alle loro equivalenti italiane.

1. notamment   a. così
2. pour finir   b. per esempio
3. ainsi   c. invece
4. ensuite   d. in particolare
5. par exemple   e. in sintesi
6. en résumé   f. per finire
7. par contre   g. poi

6 Completate questo racconto con gli avverbi e le locuzioni proposti qui sotto.

finalement – deuxièmement – de plus – ensuite
en résumé – premièrement – par contre

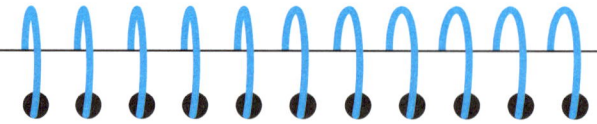

« *Mon voyage en Italie est un vrai désastre !*
(a) ...., le train était très en
retard. (b) ...., j'ai perdu
un sac ! (c) ...., le train s'est
arrêté pendant une heure.
(d) ...., nous sommes arrivés
à Florence avec trois heures de retard.
(e) ...., il fait très chaud en
Italie, c'est affreux. (f) ....,
les Italiens sont très sympas (simpatici) et
la nourriture (il cibo) est délicieuse ! (g)
........................, un voyage agréable
(piacevole) mais parfois frustrant! »

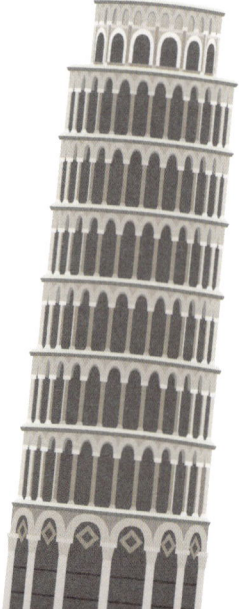

7 Completate le seguenti frasi con le congiunzioni appropriate (ci sono più possibilità). • •

a. Je ne suis pas allée au cinéma .... je n'aime pas le film.

b. Luc n'aime pas les chats. ...., il en a adopté un !
Il s'appelle Tigrou.

c. .... l'automne arrive, les feuilles *(foglie)* tombent.

d. .... tu veux acheter une nouvelle console de jeu
(gioco), économise ton argent de poche *(risparmia la tua paghetta)* !

e. Louise est fatiguée, ... elle veut aller à la fête !

f. Patrice déteste les fruits : ...., il ne peut pas manger d'oranges.

Splendide! Avete terminato il capitolo 19. Ora contate le icone dividendole per tipo qui a fianco e poi riportate i risultati ottenuti a pag. 128.

20 Ripasso

1 Scrivete in francese questi numeri.

a. 10 ....

b. 54 ....

c. 100 ....

d. 205 ....

e. 6 ....

f. 25 ....

g. 589 ....

h. 999 ....

2 Traducete in francese le seguenti frasi.

a. Mio padre è in solaio. ➜ ....
....

b. I suoi fratelli sono in cucina. ➜ ....
....

c. I suoi genitori sono avvocati. ➜ ....
....

d. Sua nonna fa la dentista. ➜ ....
....

e. Tua sorella è in bagno. ➜ ....
....

f. Vostra madre è una professoressa. ➜ ....
....

Scrivete sotto ogni immagine il suo nome francese con l'articolo corretto.

a. .... b. .... c. .... d. ....

e. .... f. .... g. ....

h. .... i. .... j. ....

k. .... l. ....

4 Cercate nella griglia gli equivalenti francesi dei termini dati.

piccolo
vecchio
giovane
difficile
carino
felice (m., 2 volte)

A	C	E	G	J	Q	A	E	V	E
D	F	M	H	L	P	E	T	I	T
E	J	O	L	I	M	A	D	E	R
D	R	C	C	M	L	J	U	U	F
I	D	H	E	U	R	E	U	X	D
F	D	E	B	B	Z	U	Z	W	C
F	V	A	F	B	U	N	D	V	X
I	D	G	H	V	T	E	B	E	G
C	N	E	E	H	I	F	E	R	T
I	L	I	U	G	L	É	G	E	R
L	O	U	R	D	E	J	A	W	I
E	O	A	E	R	S	G	E	T	S
B	M	A	U	V	A	I	S	H	T
S	A	C	X	D	U	P	E	F	E

brutto
triste
pesante (f.)
leggero
utile
cattivo, brutto

5 Rimettete in ordine le lettere e ricavatene degli aggettivi di nazionalità, poi scrivete anche il nome del Paese corrispondente con l'articolo.

Es. icmaaerin ➜ américain ➜ les États-Unis

a. dleaalnm ➜ .... ➜ ....

b. iishonc ➜ .... ➜ ....

c. issseu ➜ .... ➜ ....

d. lesnapgo ➜ .... ➜ ....

e. aaspojni ➜ .... ➜ ....

f. séenrialnda ➜ .... ➜ ....

6 Collegate questi animali con i corrispettivi italiani, poi aggiungete a ciascuno l'articolo indeterminativo.

1. .... chat   **a.** serpente
2. .... serpent   **b.** cavalli
3. .... chevaux   **c.** topo
4. .... lapine   **d.** gatto
5. .... tortue   **e.** coniglio (f.)
6. .... souris   **f.** cagna
7. .... chienne   **g.** tartaruga

7 Scrivete le ore per esteso.

a. 2h15 = Il est ....

b. 15h25 = Il est ....

c. 20h45 = Il est ....

d. 8h30 = Il est ....

e. 16h10 = Il est ....

f. 5h55 = Il est ....

8 Coniugate i seguenti verbi al presente indicativo.

écouter *ascoltare*	finir *finire*	vendre *vendere*
je/j'	je/j'	je/j' ....
tu	tu	tu ....
il/elle	il/elle	il/elle ....
nous	nous	nous ....
vous	vous	vous ....
ils/elles	ils/elles	ils/elles ....
être *essere*	**avoir** *avere*	**aller** *andare*
je/j'	je/j'	je/j' ....
tu	tu	tu ....
il/elle	il/elle	il/elle ....
nous	nous	nous ....
vous	vous	vous ....
ils/elles	ils/elles	ils/elles ....
appeler *chiamare*	**prendre** *prendere*	**faire** *fare*
je/j'	je/j'	je/j' ....
tu	tu	tu ....
il/elle	il/elle	il/elle ....
nous	nous	nous ....
vous	vous	vous ....
ils/elles	ils/elles	ils/elles ....

9 Scrivete la domanda corrispondente a ciascuna risposta.

a. .... ? – Je m'appelle <u>Amélie</u>.

b. .... ? – J'habite à <u>Paris</u>.

c. .... ? – <u>Antoine</u> va au musée avec moi.

d. .... ? – Sophie vient <u>demain</u>.

e. .... ? – J'ai <u>neuf</u> chemises.

f. .... ? – Je suis fatiguée <u>parce que</u>
<u>je me suis couchée à minuit</u>.

10 Formate delle frasi di senso compiuto con gli elementi dati, facendo gli accordi necessari.

Es. Ethan / 1 / grigio / cappotto ➜ **Ethan a un manteau gris.**

a. Léo / 5 / nero / pantaloni ➜ ....

b. Bérénice / 10 / rosa / cappelli ➜ ....

c. Maël / 20 / verde / berretti ➜ ....

d. Sasha / 0 / rosso / vestito ➜ ....

e. Colin e Marie / 3 / marrone / camicie ➜ ....

f. Tu / 7 / viola / pigiama ➜ ....

11 Traducete in francese queste frasi al passato prossimo.

a. Caroline è andata al cinema ieri. ➜ ....

b. Francis ha mangiato le fragole. ➜ ....

c. Ho letto tutti i libri. ➜ ....

d. Hanno adorato questo museo. ➜ ....

e. Avete fatto i compiti. ➜ ....

f. Hanno venduto la loro casa. ➜ ....

12 Con l'aiuto delle icone, formate due frasi come nell'esempio.
😊 = aimer   😊😊 = adorer   ☹️ = ne pas aimer   ☹️☹️ = détester

Es. Tom ☹️ ciclismo → **Tom n'aime pas le cyclisme. / Tom n'aime pas faire du vélo.**

a. Chantal e Clément / 😊😊 / nuoto

→ ....

→ ....

b. Tu / ☹️ / tennis

→ ....

→ ....

c. Io / 😊 / marcia, camminare

→ ....

→ ....

d. Noi / ☹️☹️ / ginnastica

→ ....

→ ....

e. Manon / 😊 / rugby

→ ....

→ ....

13 Aggiungete alle seguenti parole gli accenti
e gli altri segni diacritici mancanti.

a. Noel

b. Paques

c. une fete

d. francais

e. zero

f. aout

g. ta mere

h. une secretaire

i. une lecon

j. bientot

k. un velo

l. un hotel

m. vous etes

n. americain

o. les pates

14 Mettete la spunta corretta nelle colonne del maschile (M) femminile (F) e plurale (P), a seconda del termine.

	M	F	P
a. ma sœur			
b. la viande			
c. une fermière			
d. mes frères			
e. l'eau			
f. des musiciens			
g. un dentiste			
h. l'orange (*il frutto*)			
i. mon grand-père			
j. les pommes de terre			

15 Unite ciascun nome al suo articolo determinativo (le, l', la, les).

le •

l' •

la •

les •

• *salon*

• *toilettes*

• *chambres*

• *hôtel*

• *garage*

• *salle à manger*

• *entrée (ingresso)*

• *cuisine*

16 Scrivete il femminile di ciascuno di questi aggettivi.

a. Il est joli. ➜ Elle est ....

b. Il est heureux. ➜ Elle est ....

c. Il est léger. ➜ Elle est ....

d. Il est grand. ➜ Elle est ....

e. Il est canadien. ➜ Elle est ....

f. Il est vieux. ➜ Elle est ....

g. Il est bon. ➜ Elle est ....

h. Il est amoureux. ➜ Elle est ....

17 Evidenziate gli aggettivi possessivi corretti.

a. Regarde ! **Ta / Mon / Ses** chat dort sur le canapé !

b. Elle aime beaucoup **ta / mon / ses** frères.

c. Connais-tu *(Conosci)* **sa / mon / leurs** amie Lucile ?

d. Vous devez visiter **ma / ton / ses** nouvelle maison !

e. Où est **mon / tes / ta** raquette de tennis ?

f. Elle a perdu **ma / ton / leurs** clés.

18 Completate queste frasi con i pronomi soggetto appropriati.

a. .... regardons la télévision avec Laurent et Sophie.

b. .... ai mangé trop de bonbons !

c. .... embrasse tous les garçons de l'école !

d. Es- .... allé à la poste ce matin ?

e. .... réussissez toujours vos tests ?

f. .... aiment aller au cinéma le samedi soir.

19 Completate queste frasi con i pronomi complemento appropriati.

a. Ils .... écoutent. *(mi)*

b. Tu .... attends ? *(ci)*

c. Je .... demande demain. *(gli / le)*

d. Nous .... invitons bientôt. *(vi)*

e. Vous .... téléphonez demain ? *(gli / le)*

f. Elle .... aime beaucoup. *(ti)*

g. Sarah .... répond. *(gli [plur.])*

20 Scrivete per esteso questi numeri ordinali (es. 1er **premier**).

a. 4e ....

b. 20e ....

c. 14e ....

d. 32^e ....

e. 100e ....

f. 60e ....

g. 12e ....

21 Coniugate al futuro semplice i verbi pronominali tra parentesi.

a. Nous **(se laver)** .... à 8 heures demain matin.

b. Renaud **(s'habiller)** .... très vite car il est en retard.

c. Adèle et Mathilde **(se lever)** .... à 7 h 30 jeudi prochain.

d. Tu **(se brosser)** .... les dents ce soir.

e. Vous **(se réveiller)** .... à 10 heures ce week-end.

f. Je **(se promener)** .... dans le jardin plus tard.

Congratulazioni! Avete terminato il capitolo 20. Ora contate le icone dividendole per tipo qui a fianco e poi riportate i risultati ottenuti a pag. 128.

1. Alfabeto e pronuncia

1 **a.** Martine : Em-a-ER-te-i-En-ë **b.** Xavier : iks-a-ve-i-ë-ER **c.** Gilles : že-i-deux El-ë-Es **d.** Joseph : ži-o-Es-ë-pe-ash **e.** Patrick : pe-a-te-ER-i-se-ka

2 monsieur *signore* – au revoir *arrivederci* – bonjour *buongiorno* (e anche *ciao*) – bonne nuit *buonanotte* – salut *ciao* – mademoiselle *signorina* – à bientôt *a presto*

3 **a.** salut *ciao* **b.** bonsoir *buonasera* **c.** madame *signora* **d.** bientôt *presto* **e.** bienvenue *benvenuto/a/i/e*

4 **a.** Pâques: pe-a [accent circonflexe]-kü-ü-ë-Es **b.** Noël: En-o-ë [tréma]-El **c.** Pentecôte: pe-ë-En-te-ë-se-o [accent circonflexe]-te-ë **d.** Épiphanie: ë [accent aigu]-pe-i-pe-ash-a-En-i-ë **e.** Fête des pères: Ef-ë [accent circonflexe]-te-ë de-ë-Es pe-ë [accent grave]-ER-ë-Es

5 **a.** âge *età* **b.** être *essere* **c.** frère *fratelli* **d.** salut *ciao* **e.** France *Francia* **f.** français *francese/i* **g.** fête *festa*

6 **a.** père *padre* **b.** août *agosto* **c.** leçon *lezione* **d.** Suède *Svezia* **e.** canoë *canoa* **f.** américain *americano*

7 estomac = EstOma ; salut = salü ; abricot = abRiko ; nerf = nER ; trop = tRo ; deux = dø ; outil = uti ; trois = tRwa ; mot = mo ; froid = fRwa

8 deux – 2; dix – 10; zéro – 0; neuf – 9; cinq – 5; huit – 8; sept – 7

10

	1	2	3	4	5	6	7	8	9	10	11	12	13
A					T	R	O	I	S				
B									A/À	G	E		
C					M				L				
D				B	O	N	J	O	U	R		M	
E					N				T			È	
F			D		S			C		Z	É	R	O
G	A	M	E	R	I	C	A	I	N			E	U
H		M		U		E			N	E	U	F	T
I		I		X		U	N		Q			R	I
J				R						N	O	Ë	L
K												I	
L										D	I	X	

2. Ancora un po' di pronuncia

1 **a.** salut *ciao* **b.** ami *amico* **c.** mère *madre* **d.** quatre *quattro* **e.** mot *parola* **f.** américain *americano*

2 **a.** zéro *zero* **b.** quatorze *quattordici* **c.** huit *otto* **d.** dix-neuf *diciannove* **e.** vingt *venti* **f.** treize *tredici*

3 **a.** onze [oⁿ] **b.** à demain [Eⁿ] **c.** tante [aⁿ] **d.** faim [Eⁿ] **e.** chacun [œⁿ] **f.** bonjour [oⁿ] **g.** patin [Eⁿ] **h.** parfum [œⁿ]

4 **a.** sœur *sorella* **b.** douze *dodici* **c.** grand-père *nonno* **d.** enfant *bambino/a* **e.** cinq *cinque* **f.** oncle *zio*

5 **a.** [tü] **b.** [salü] **c.** [müzik] **d.** [büs] **e.** [flüt]

6 **a.** [tütü] **b.** [tut] **c.** [žuR] **d.** [fütüR] **e.** [duz]

7 **a.** [boⁿžuR] **b.** [tRwa] **c.** [o R(ë)vwaR] **d.** [katR] **e.** [EtR]

8 mère = Martine; sœur = Audrey; père = Guy; grand-mère = Michelle; frère = Alexandre; grand-père = Marcel

3. Nomi e articoli

1 mère (f.) ; chambre (f.) ; fils (m.) ; salon (m.) ; grenier (m.) ; maison (f.)

2 **a.** salon *sala* o *soggiorno* **b.** maison *casa* **c.** garage *garage* **d.** cuisine *cucina* **e.** chambre *camera da letto* **f.** grenier *solaio*

3 **a.** des greniers **b.** des sœurs **c.** des salons **d.** des parfums **e.** des chambres **f.** des pères

4 **a.** D **b.** U **c.** D **d.** D/U **e.** D/U **f.** U **g.** U

5 **a.** Nous sommes musiciennes. **b.** Nous sommes médecins. **c.** Nous sommes dentistes. **d.** Nous sommes bouchères. **e.** Nous sommes chanteuses.

6 **a.** f. **b.** m./f. **c.** m./f. **d.** f. **e.** f.

7 **a.** une **b.** un **c.** des **d.** la **e.** le **f.** les **g.** Je suis / Nous sommes **h.** In francese non c'è mai l'articolo prima del mestiere di qualcuno.

8 **a.** La **b.** Les **c.** Le **d.** Les **e.** Les **f.** La

9 **a.** cuisine **b.** garçons **c.** avocat **d.** comédien

10 je suis – tu es – il/elle est – nous sommes – vous êtes – ils/elles sont

11 j'ai – tu as – il/elle a – nous avons – vous avez – ils/elles ont

12 **1.** d **2.** f **3.** a **4.** e **5.** c **6.** b

4. Articoli e pronomi

1 **a.** des **b.** un **c.** un **d.** une **e.** un

2 **a.** une **b.** une **c.** des **d.** des **e.** des **f.** un **g.** des **h.** un **i.** des

3 **a.** FS **b.** FP **c.** MS **d.** MS **e.** FS **f.** MP **g.** FS

4 **a.** de la **b.** du **c.** des **d.** de la **e.** des **f.** du **g.** de la **h.** de l'

5 **a.** du gâteau **b.** des bonbons **c.** du lait **d.** de la tomate **e.** de la viande **f.** des pâtes

6 **1.** f **2.** e **3.** b **4.** c **5.** d **6.** a

7 elle *lei*; nous *noi*; je/j' *io*; ils *loro* (m.); vous *voi / Lei*; il *lui*; tu *tu*; elles *loro* (f.)

8 a. Je b. Nous c. Vous d. Elles e. Il f. J'

9 te/t' *ti*; le/l' *lo*; vous *vi / La*; nous *ci*; me/m' *mi*; les *li, le*; la/l' *la*

10 a. m' b. les c. la d. t' e. nous f. l'

11 a. m' b. vous c. leur d. lui e. lui

5. Gli aggettivi

1 a. jolie b. petite c. lourde d. vieille e. méchante f. jeune

2 a. lourds b. grandes c. légers d. tristes e. fous f. moches

3 vieille – jeune; petits – grands; gentilles – méchantes; moche – belle; heureuse – triste; lourde – légère; bons – mauvais

4 a. jolis b. heureux c. grandes d. mauvais e. petite f. belles g. bonne h. vieux

5 1. violet 2. violette 3. violettes 4. verte 5. verts 6. vertes 7. bleu 8. bleue 9. bleus 10. orange 11. orange 12. orange 13. gris 14. grise 15. grises 16. blanc 17. blancs 18. blanches 19. noir 20. noire 21. noirs 22. rouge 23. rouges 24. rouges 25. marron 26. marron 27. marron 28. rose 29. roses 30. roses

6 a. verte b. violets c. blanches d. noir e. bleues

7 a. Il tavolo è verde. b. I divani sono viola. c. Le sedie sono bianche. d. La scrivania è nera. e. I comodini sono blu.

8 1. Hollandaise 2. Espagnol 3. Italien 4. Italiens 5. Japonaise 6. Japonaises 7. Allemand 8. Allemande 9. Allemands 10. Suisse 11. Suisses 12. Suisses 13. Australiens 14. Australiennes

9

F	C	V	T	D	H	A	L	N	A
S	E	H	D	O	I	S	O	A	N
E	A	O	L	C	D	D	N	M	N
N	N	L	V	B	E	L	G	E	E
N	G	L	E	J	N	E	A	R	E
E	L	A	S	A	H	S	P	I	I
I	A	N	O	P	I	L	S	C	L
D	I	D	E	O	C	S	E	A	A
A	S	A	N	N	S	U	T	I	R
N	D	I	T	A	L	I	E	N	T
A	H	S	N	I	A	S	I	E	S
C	S	D	E	S	D	S	F	D	U
N	A	D	N	A	M	E	L	L	A

6. Il possesso e i gusti personali

1 a. sa souris b. leur sœur c. C'est ton cheval. d. C'est notre grand-père. e. C'est votre poisson. f. vos chiens

2 a. mes b. ta c. vos d. son e. notre f. leur

3 a. le poisson *il pesce* b. la souris *il topo* c. le serpent *il serpente* d. le cheval *il cavallo* e. la lapine *il coniglio* (femmina) f. le hamster *il criceto*

4 a. j' b. -e c. gruppo – formale

5 a. j'adore b. tu adores c. il/elle adore d. nous adorons e. vous adorez f. ils/elles adorent

6

F	R	O	P	S	H	Y	U	F	P	M
Y	J	E	M	N	J	U	D	O	U	I
K	L	N	A	T	A	T	I	O	N	M
A	W	F	R	R	T	E	O	T	A	A
I	R	A	C	Q	E	P	O	B	T	S
S	U	T	H	A	N	D	B	A	L	L
S	G	U	E	N	R	T	L	J	I	
H	B	M	D	S	I	Y	G	L	D	L
C	Y	C	L	I	S	M	E	B	H	M

marcia marche; *pallamano* handball; *calcio* football; *rugby* rugby; *ciclismo* cyclisme; *nuoto* natation; *judo* judo

7 a. Julien adora giocare a tennis. b. Coralie e Sidonie detestano il calcio. c. Ci piace correre. d. Adorate / Adora fare ginnastica. e. Amano giocare a pallamano.

8 a. Nous détestons le rugby. / Nous détestons jouer au rugby. b. Karine et Lucie adorent la natation. / Karine et Lucie adorent nager. c. Tu aimes le cyclisme. / Tu aimes faire du vélo. d. Je déteste le judo. / Je déteste faire du judo. e. Vous adorez la marche. / Vous adorez marcher.

9 a. a e c b. b e d c. ne + pas prima e dopo il verbo d. Nella b ne diventa n' prima di una vocale.

10 a. Je n'aime pas les bonbons. b. Je n'écoute pas ta mère. c. Il ne parle pas beaucoup. d. Elles ne regardent pas la télévision. e. Vous n'aidez pas votre sœur.

11 a. la jupe b. la casquette c. les chaussettes d. le pyjama e. la chemise

12 a. Ces b. Cette c. Ce d. Ce e. Cette

7. Il presente

① **a.** J' **b.** Vous **c.** Elles **d.** Nous **e.** Tu

② **a.** regarde **b.** jouons **c.** téléphone **d.** aidez **e.** appellent

③ **a.** parles **b.** joue **c.** aimons **d.** regardent **e.** demandez **f.** écoute

④ **a.** finit **b.** bâtissons **c.** choisissez **d.** réussis **e.** nourrissent **f.** réfléchis

⑤ **a.** choisis **b.** finissez **c.** nourris **d.** remplissent **e.** réfléchissons

⑥ **a.** choisis **b.** finissez **c.** remplit **d.** réussissons **e.** réfléchissent

⑦ **a.** Je/Tu **b.** Nous **c.** Vous **d.** Ils/Elles **e.** Il/Elle

⑧ 1–e; 2–a; 3–f; 4–c; 5–d; 6–b

⑨ **a.** Vendono la loro casa. **b.** Riusciamo [a fare bene] il nostro dolce. / Il nostro dolce riesce bene. **c.** Scegliete / (Lei) sceglie un nome per il gatto. **d.** Perdo i miei libri. **e.** Lei bacia Pacôme. **f.** Tu aiuti Romain.

⑩ **a.** Ils finissent le dîner. **b.** Je réussis à la natation. **c.** Nous descendons de cheval. **d.** Elle entend le chien. **e.** Tu donnes ton manteau. **f.** Vous demandez une table.

8. Numeri e ore

①

E	R	T	A	U	Q	E	T	N	A	X	I	O	S
Q	D	R	C	E	Q	U	A	R	A	N	T	E	K
H	V	V	E	N	Q	O	U	D	R	L	E	T	M
A	C	I	N	Q	U	A	N	T	E	D	E	U	X
E	J	N	T	F	I	O	U	M	R	S	A	I	S
T	N	G	T	I	N	M	S	I	T	O	X	M	K
P	M	T	U	E	Z	I	E	R	T	Z	I	W	P
E	S	D	S	R	E	L	V	A	C	J	S	S	O
S	O	E	B	O	T	L	R	M	I	I	G	G	R
F	Q	U	A	T	R	E	V	I	N	G	T	U	N
D	I	X	G	Z	E	C	X	U	Q	V	A	C	T
O	A	F	U	E	N	A	P	D	U	A	O	V	M
U	R	H	U	I	T	T	O	B	A	Z	E	R	O
Z	U	I	S	K	E	R	I	F	N	R	U	S	O
E	B	O	M	A	Z	Q	U	A	T	O	R	Z	E
I	U	S	O	I	X	A	N	T	E	D	I	X	A

0 = zéro, 3 = trois, 7 = sept, 8 = huit, 9 = neuf, 10 = dix, 12 = douze, 13 = treize, 14 = quatorze, 15 = quinze, 22 = vingt-deux, 30 = trente, 40 = quarante, 50 = cinquante, 52 = cinquante-deux, 64 = soixante-quatre, 70 = soixante-dix, 81 = quatre-vingt-un, 100 = cent, 1 000 = mille

② **a.** douze **b.** trente **c.** soixante-dix **d.** quarante et un **e.** quarante-cinq **f.** trente-deux

③ **a.** quarante-sept **b.** vingt-deux **c.** mille **d.** quatre-vingts **e.** quatorze **f.** soixante

④ **a.** 3e **b.** 1000e **c.** 70e **d.** 16e **e.** 60e **f.** 19e **g.** 91e

⑤ **a.** premier **b.** quatorzième **c.** vingtième **d.** trente-deuxième **e.** cinquante-cinquième **f.** soixante-huitième **g.** quatre-vingt-sixième **h.** centième

⑥ **a.** premier/première **b.** douzième **c.** cinquantième **d.** centième **e.** dix-septième **f.** neuvième **g.** cinquante-deuxième **h.** soixante et unième

⑦

⑧ **a.** Il est trois heures / quinze heures. **b.** Il est minuit / midi. **c.** Il est neuf heures et demie / vingt et une heures trente. **d.** Il est onze heures et quart / vingt-trois heures quinze. **e.** Il est six heures moins le quart / dix-sept heures quarante-cinq. **f.** Il est huit heures / vingt heures.

⑨ 8:40 → neuf heures moins vingt ; 22:25 → dix heures vingt-cinq ; 6:50 → sept heures moins dix ; 15:45 → quatre heures moins le quart ; 5:10 → cinq heures dix ; 12:00 → midi

9. Ancora sul presente

① **a.** espérons **b.** achètes **c.** commencez **d.** envoient **e.** rangeons

② **a.** mangeons **b.** jette **c.** préfèrent **d.** appelles **e.** nettoie

③ appeler → c; jeter → a; manger → f; acheter → b; envoyer → e; nettoyer → d

④ 1. b o e 2. b o e 3. f 4. a 5. c 6. d

⑤ **a.** Io devo/Tu devi bere dell'acqua. **b.** Io saluto/Tu saluti *(Dico/Dici arrivederci a)* tua nonna. **c.** Lei mette il suo vestito blu. **d.** Tinteggiamo il muro del salotto. **e.** Voi fate un dolce al cioccolato. **f.** Loro leggono molti libri.

⑥ **a.** crois **b.** lisez **c.** peuvent **d.** savons **e.** dois

⑦ **a.** me **b.** se **c.** nous **d.** te **e.** vous

⑧ **a.** s' **b.** nous **c.** m' **d.** se **e.** vous **f.** te

⑨ **a.** se couche **b.** nous promenons **c.** me lave **d.** s'habillent **e.** te réveilles

⑩ **a.** la bouche *la bocca* **b.** les oreilles *le orecchie* **c.** les mains *le mani* **d.** les cheveux *i capelli* **e.** les jambes *le gambe* **f.** le ventre *la pancia*

10. Per... qualche pronome in più

1 1. c/d **2.** b/e **3.** f **4.** c/d **5.** b/e **6.** a

2 **a.** J'adore ces chapeaux mais je veux celui-ci. **b.** J'adore ces chaussettes mais je veux celles-là. **c.** J'adore ces chemises mais je veux celle-là. **d.** J'adore ces jupes mais je veux celles-ci. **e.** J'adore ces casquettes mais je veux celle-ci.

3 **a.** le leur **b.** les siens **c.** la vôtre **d.** le mien **e.** la sienne **f.** les tiennes

4 **a.** le nôtre **b.** la tienne **c.** les vôtres **d.** les miennes **e.** le sien **f.** les leurs

5 **a.** un bâton de colle (*colla in stick*) **b.** un tableau (*lavagna*) **c.** des ciseaux (*forbici*) **d.** un livre (*libro*) **e.** une gomme (*gomma*)

6 1. c **2.** f **3.** e **4.** a **5.** d **6.** b

7 **a.** quels **b.** quelle **c.** quelles **d.** lesquels **e.** laquelle **f.** lesquelles

8 **a.** Quel **b.** Lesquelles **c.** Quels **d.** Laquelle / Lesquelles **e.** Quelle **f.** Lequel / Lesquels

11. I vari tipi di frase

1

	Soggetto	Verbo	Complemento
a)	il	travaille	dans sa chambre
b)	nous	aimons	jouer au football
c)	elle	aide	sa mère
d)	vous	détestez	les mathématiques
e)	tu	adores	l'anglais

2 **a.** Elle embrasse ton cousin. **b.** Nous aimons la robe bleue. **c.** Vous téléphonez à votre grand-père. **d.** Loïc aime les vacances en Australie. **e.** Carole et Clothilde choisissent les chaussures rouges.

3 **a.** la chimie **b.** l'informatique **c.** le français **d.** le sport **e.** l'histoire **f.** le dessin

4 **a.** Je n'aime pas les pommes vertes. **b.** Elles ne sont jamais tristes. **c.** Carlos n'a aucun film en anglais. **d.** Louis et Suzanne ne jouent plus au basket. **e.** Tu n'es ni grand ni petit.

5 **a.** Non mi piacciono le mele verdi. **b.** Non sono mai tristi. **c.** Carlos non ha nessun film in inglese. **d.** Louis e Suzanne non giocano più a basket. **e.** Non sei né alto né basso.

6 **a.** Camille n'aime pas le chocolat. **b.** Pascal ne regarde pas la télé. **c.** Je n'ai aucun chapeau bleu. **d.** Emma ne mange jamais de tomates. **e.** Ma sœur n'a ni jupe ni robe / ni robe ni jupe.

7 **a.** A Camille non piace il cioccolato. **b.** Pascal non guarda la TV. **c.** Non ho alcun cappello blu / Non ho cappelli blu. **d.** Emma non mangia mai pomodori. **e.** Mia sorella non ha né gonne né vestiti / né vestiti né gonne.

8 **a.** As-tu un chat ? / Tu as un chat ? **b.** Aime-t-elle les croissants ? **c.** Est-ce qu'ils jouent au tennis ? **d.** Est-ce que tu aimes lire ? **e.** Habites-tu en Italie ? / Tu habites en Italie ?

9 **a.** Quand **b.** Que **c.** Quelle **d.** Où **e.** Qui **f.** Comment (L'interrogativo in più è **pourquoi**.)

10 1. d **2.** f **3.** a **4.** b **5.** c **6.** e

11 **a.** Chi è questo/quel ragazzo? **b.** Perché non guarda questo film? **c.** Come vai da Sylvain domani? **d.** Che vestito metti per andare alla festa? **e.** Quando partite per le vacanze? **f.** Che cosa mangiamo per / a pranzo?

12 **a.** Qu'écoutes-tu ? / Qu'est-ce que tu écoutes ? **b.** Où va Clarèle ? / Où Clarèle va-t-elle ? **c.** Qui est-elle ? **d.** Quand regardez-vous le film ? **e.** Pourquoi es-tu triste ?

12. Il passato

1 **a.** allons **b.** Allez **c.** vont **d.** vais **e.** Vas

2 **a.** regarder **b.** avoir / donner **c.** avoir / finir **d.** être / descendre **e.** remplir **f.** avoir / répondre

3 1° gruppo: chanter, ranger; 2° gruppo: définir, nourrir; 3° gruppo: apprendre, boire, vendre, répondre, savoir, entendre, pouvoir

4 **a.** apprendre (3) **b.** lire (3) **c.** manger (1) **d.** choisir (2) **e.** se lever (1) **f.** espérer (1) **g.** faire (3)

5 1. détester, détesté **2.** perdre, perdu **3.** lire, lu **4.** finir, fini **5.** aimer, aimé **6.** réussir, réussi

6 **a.** tu as attendu → hai aspettato **b.** nous avons regardé → abbiamo guardato **c.** vous avez vendu → avete venduto / (Lei) ha venduto **d.** ils ont bâti → hanno costruito **e.** j'ai répondu → ho risposto **f.** elle a pu → ha potuto

7 **a.** jeté **b.** envoyé **c.** restés **d.** lu **e.** tombée **f.** espéré

8 **a.** suis **b.** avons **c.** sont **d.** as **e.** a **f.** sommes

9 **a.** avons fini **b.** a voulu **c.** avez fait **d.** est allée **e.** Ils sont partis **f.** ai vendu

10 **a.** compris **b.** bu **c.** lu **d.** fait **e.** pu **f.** écrit

13. Parlare del tempo (crono e meteo)

1 **a.** Je ne vais pas à l'école en été. **b.** Loïc va au Portugal en automne. **c.** Noël est en hiver. **d.** Cora aime manger des glaces au printemps.

2 **Il y a:** b–c–f–h **Il fait:** a–d–e–g

3 **a.** Il y a du vent. **b.** Il fait beau. / Il y a du soleil. **c.** Il pleut. / Il y a de la pluie. / Il fait mauvais. / Il y a des nuages. **d.** Il fait chaud. **e.** Il fait froid.

4 **a.** à **b.** De... à... **c.** pendant **d.** Entre **e.** jusqu'à

5 **a.** Mi corico verso le 22. **b.** Ti telefono fra 10 minuti. **c.** Torno a casa prima di mezzogiorno. **d.** Faccio i compiti dopo cena. **e.** Sono in piscina da stamattina.

6 **a.** septembre **b.** février **c.** juillet **d.** juin **e.** décembre **f.** janvier

7 **a.** Aujourd'hui, nous sommes le 2 février 2012. **b.** Aujourd'hui, nous sommes le 5 septembre 2010. **c.** Aujourd'hui, nous sommes le 29 avril 2005. **d.** Aujourd'hui, nous sommes le 1er août 2003. **e.** Aujourd'hui, nous sommes le 15 juin 2013.

8 **a.** Je ne vais pas à l'école le samedi. **b.** Dimanche je vais au cinéma. **c.** J'ai géographie le mardi. **d.** Je vais chez mes grands-parents le mercredi. **e.** Elle va chez le dentiste vendredi.

9 **a.** souvent **b.** souvent **c.** généralement **d.** toujours **e.** généralement

10 **a.** Ils ne téléphonent jamais... **b.** Nous n'écoutons jamais... **c.** Vous ne finissez jamais... **d.** Tu n'entends jamais... **e.** Je ne perds jamais...

11 **a.** soir **b.** Aujourd'hui **c.** maintenant **d.** prochaine **e.** hier **f.** matin

14. Parlare dello spazio

1 **a.** entre **b.** dans **c.** loin de **d.** sur **e.** sous **f.** devant

2 **a.** Le toilette sono / Il bagno è fra la camera da letto e la cucina. **b.** Il tuo cappotto è nel garage. **c.** Il cinema è molto lontano da casa nostra! Dobbiamo andarci in macchina. **d.** La pizza è sul tavolo della cucina. **e.** Il cane si nasconde sotto il letto dei miei genitori. **f.** Claire è sul divano, davanti alla televisione.

3 **a.** devant **b.** derrière **c.** sous **d.** dans **e.** sur **f.** entre **g.** à gauche / à côté **h.** à droite / à côté

4 **a.** dans **b.** à côté de **c.** à gauche **d.** en dessous **e.** en face de **f.** au milieu de

5 **a.** à **b.** en **c.** au **d.** aux **e.** en **f.** à

6 **a.** Aiko habite à Nagoya au Japon. **b.** Elvis habite à Tupelo aux États-Unis. **c.** Myriam habite à Boismorand en France. **d.** Marco habite à Cascais au Portugal. **e.** Chloé habite à Bruges en Belgique. **f.** Louis habite à Montréal au Canada.

7 **a.** Corinne è a casa. **b.** Carlos va da Paul sabato. **c.** Oh, no! La mia borsa è a casa di / da tua nonna! **d.** I bambini giocano nel parco. **e.** Éloïse è all'ospedale!

8 **a.** à l' **b.** à la **c.** chez **d.** au **e.** chez **f.** à la

9 **a.** la pharmacie **b.** les urgences **c.** le dentiste **d.** l'église **e.** la bibliothèque **f.** l'hôpital

10 **Je vais :** a–b–e–h **Je viens :** c–d–f–g

15. Dare ordini e fare richieste

1 **a.** Mange **b.** Ayez **c.** Finissons **d.** Obéissez **e.** Lave **f.** Vendons

2 **a.** Arrête **b.** Prenez **c.** Écoute **d.** Soyons **e.** Veuillez **f.** Pars

3 **a.** Mangez votre pain ! **b.** Sors de la salle de bain ! **c.** Allons à la bibliothèque ! **d.** Regardons un film ! **e.** Lisez l'exercice p.16. **f.** Prends un biscuit !

4 **a.** Ne téléphone pas à Sophie. **b.** Ne donnez pas votre adresse. **c.** Ne finissez pas les oranges. **d.** Ne perds pas tes clés. **e.** Ne choisissons pas une maison aujourd'hui.

5 **a.** Non telefonare a Sophie. **b.** Non date il vostro indirizzo. **c.** Non finite le arance. **d.** Non perdere le chiavi. **e.** Non scegliamo una casa oggi.

6 **a.** la **b.** la **c.** le **d.** les **e.** le

7 **a.** Appelez-les ! **b.** Donne-les ! **c.** Vendez-la ! **d.** Prends-la ! **e.** Remplissez-la ! **f.** Finis-le !

8 **a.** Douchez-vous ! **b.** Levons-nous ! **c.** Couche-toi ! **d.** Promène-toi ! **e.** Réveillez-vous !

9 droite *destra* – gauche *sinistra* – devant *davanti a* – derrière *dietro* – tourner *girare* – traverser *attraversare* – continuer *continuare*

10 **a.** Tournez à droite après l'église. **b.** Continue tout droit. **c.** La pharmacie est derrière le musée. **d.** La gare est en face de la piscine. **e.** Prenez la première rue à gauche.

16. Il futuro

1 **a.** prendrons **b.** partiront **c.** achèterai **d.** demandera **e.** appelleras **f.** lirez

2 **a.** regardera **b.** rendront **c.** bâtirez **d.** descendrons **e.** danseras **f.** choisirai

3 arrivera – passera – iront – mangeront – partira – verra – viendras – demandera – irai – répondra

4 **a.** saura **b.** Viendras **c.** serons **d.** devras **e.** Ferez **f.** verront

5 **a.** viendrons **b.** verrai **c.** pourrez **d.** fera **e.** devront **f.** courras

6 je vais – tu vas – il/elle va – nous allons – vous allez – ils/elles vont

7 **a.** allez rater **b.** allons voir **c.** va écouter **d.** vont manger **e.** vais téléphoner **f.** vont choisir

8 **a.** Je n'irai pas… **b.** Nous n'allons pas voir… **c.** Ils ne vont pas manger… **d.** Vous ne visiterez pas… **e.** Audrey ne va pas prendre…

9 **a.** Je ne regarderai pas la télé. **b.** Ils vont attendre le bus. **c.** Sonia ne va pas perdre son sac à main. **d.** Le train ne partira pas à 10 heures. **e.** Philippe va répondre aux questions.

10

	1	2	3	4	5	6	7	8	9	10	11	12	13
a	L	I	R	A	S				F	E	R	A	
b	È			A					I				C
c	V		V	O	U	D	R	O	N	T			R
d	E		I		R	E		I		E			O
e	R		E		A	I	M	E	R	A	S		I
f	A		N		I	P		O		P		P	R
g	S		D			L		N		É			A
h			R			I		S	E	R	A	I	
i		P	E	I	N	D	R	A		E			
j			Z			A	I	M	E	R	A	I	
k										E			
l		D	E	M	A	N	D	E	R	E	Z		

17. Gli avverbi

1 **a.** joliment **b.** tristement **c.** grand → grande → grandement **d.** léger → légère → légèrement **e.** joyeux → joyeuse → joyeusement **f.** gentiment **g.** suffisamment

2 **a.** meilleur (AGG) **b.** gentiment (AVV) **c.** bon (AGG) **d.** rapidement (AVV) **e.** bien (AVV) **f.** mauvais (AGG) **g.** jolie (AGG)

3 **a.** généralement **b.** toujours **c.** parfois **d.** rarement **e.** toujours

4 **a.** Je vais souvent au cinéma. **b.** Ma sœur mange tout le temps du chocolat. **c.** Ils/Elles ne lisent jamais. **d.** Henri se lève parfois à 7 heures. **e.** Le professeur ne dit jamais bonjour.

5 **a.** jamais **b.** demain **c.** tôt **d.** souvent **e.** tard **f.** Hier **g.** bientôt

6 **a.** Non vado mai al museo: è troppo noioso! **b.** Rachel andrà dai *(suoi)* nonni domani. **c.** Dovete alzarvi presto: il treno parte alle 6! **d.** Andiamo spesso al cinema perché adoriamo vedere i nuovi film. **e.** Non puoi rientrare dopo mezzanotte: è troppo tardi! **f.** Ieri siamo andati dal dentista: è stato *(era)* orribile! **g.** Sbrigatevi! Il bus parte fra poco / sta per partire!

7 **a.** partout – nulle part **b.** là-bas **c.** en bas **d.** en haut **e.** loin **f.** dehors

8 **a.** assez **b.** plus de **c.** trop **d.** un peu **e.** beaucoup

9 **a.** Quand **b.** Pourquoi **c.** Qui **d.** Comment **e.** Où **f.** Combien

10 **a.** Il a bu son café rapidement. **b.** Je ne vais pas souvent au cinéma. **c.** Sylvain est vraiment très gentil. **d.** Sa grand-mère va beaucoup mieux. **e.** Léa ne mange jamais de pain. **f.** Ils sont allés au cinéma avant-hier. / Avant-hier, ils sont allés au cinéma.

18. Comparativi e superlativi

1 1. e 2. g 3. a 4. f 5. d 6. c 7. b

2 **a.** mignonne → carina **b.** géniale → grandiosa **c.** intéressante → interessante **d.** affreuse → orribile **e.** inutile → inutile **f.** intelligente → intelligente

3 **a.** Les mathématiques sont plus utiles que le sport. **b.** L'histoire est moins intéressante que la chimie. **c.** Le sport est plus amusant que le français. **d.** La géographie est aussi ennuyeuse que la musique. **e.** L'informatique est moins fatigante que le sport.

4 **a.** Il tavolo è più grande della sedia. **b.** Louis è meno gentile / bravo di Julien. **c.** Il dolce di Julie è cattivo quanto il tuo! **d.** Questo vestito è più carino di quello. **e.** La borsa blu è leggera come la (borsa) rossa.

5 **Aggettivi:** gentil, mauvais, jeune, heureuse **Avverbi:** mieux, lentement, gentiment, doucement

6 **a.** rarement **b.** prudemment **c.** calmement **d.** rapidement **e.** énormément **f.** gentiment

7 **a.** la **b.** le **c.** les **d.** le **e.** la

8 **a.** intéressant **b.** lourds **c.** propres **d.** gentilles **e.** vieille

9 **a.** le meilleur **b.** plus timides que **c.** la plus généreuse **d.** le pire (film) **e.** plus jeune que

10 **a.** Ce livre est le pire (livre) de la bibliothèque. **b.** David est plus petit que Geoffroy. **c.** Edwige est la fille la plus heureuse de l'école. **d.** Ninon est moins triste qu'Olivier. **e.** Ces garçons sont les meilleurs joueurs de l'équipe.

19. Le congiunzioni

1 **a.** mais **b.** Ni… ni… **c.** Toutefois **d.** d'ailleurs **e.** donc **f.** ou

2 **a.** donc / c'est pourquoi **b.** car **c.** Soit… soit… **d.** et **e.** c'est pourquoi / donc

3 **1.** d **2.** a **3.** f **4.** g **5.** e **6.** c **7.** b

4 **a.** dès que → (non) appena **b.** parce que → perché **c.** Quand → quando **d.** puisque → poiché, perché **e.** Si → se **f.** Depuis que → da quando

5 **1.** d **2.** f **3.** a **4.** g **5.** b **6.** e **7.** c

6 **a.** Premièrement **b.** Deuxièmement **c.** Ensuite **d.** Finalement **e.** De plus **f.** Par contre **g.** En résumé

7 **a.** car / parce que **b.** Toutefois / Pourtant / Cependant **c.** Dès que / Quand **d.** Si **e.** mais / toutefois / pourtant **f.** par exemple

20. Ripasso

1 **a.** dix **b.** cinquante-quatre **c.** cent **d.** deux cent cinq **e.** six **f.** vingt-cinq **g.** cinq cent quatre-vingt-neuf **h.** neuf cent quatre-vingt-dix-neuf

2 **a.** Mon père est dans le grenier. **b.** Ses frères sont dans la cuisine. **c.** Ses parents sont avocats. **d.** Sa grand-mère est dentiste. **e.** Ta sœur est dans la salle de bain. **f.** Votre mère est professeur.

3 **a.** les bonbons **b.** le gâteau **c.** la tomate **d.** le pain **e.** l'eau / le verre d'eau **f.** la banane **g.** le poisson / le repas **h.** le lit **i.** la table **j.** la chaise **k.** le canapé **l.** la lampe

4

A	C	E	G	J	Q	A	E	V	E
D	F	M	H	L	P	E	T	I	T
E	J	O	L	I	M	A	D	E	R
D	R	C	C	M	L	J	U	U	F
I	D	H	E	U	R	E	U	X	D
F	D	E	B	B	Z	U	Z	W	C
F	V	A	F	B	U	N	D	V	X
I	D	G	H	V	T	E	B	E	G
C	N	E	E	H	I	F	E	R	T
I	L	I	U	G	L	É	G	E	R
L	O	U	R	D	E	J	A	W	I
E	O	A	E	R	S	G	E	T	S
B	M	A	U	V	A	I	S	H	T
S	A	C	X	D	U	P	E	F	E

5 **a.** allemand (m.) (allemande, f.) → l'Allemagne **b.** chinois (m.) (chinoise, f.) → la Chine **c.** suisse (m./f.) → la Suisse **d.** espagnol (m.) (espagnole, f.) → l'Espagne **e.** japonais (m.) (japonaise, f.) → le Japon **f.** néerlandais (m.) (néerlandaise, f.) → les Pays-Bas / la Hollande

6 **1.** d (un chat) **2.** a (un serpent) **3.** b (des chevaux) **4.** e (une lapine) **5.** g (une tortue) **6.** c (une souris) **7.** f (une chienne)

7 **a.** Il est deux heures et quart. / Il est deux heures quinze.
b. Il est quinze heures vingt-cinq. / Il est trois heures vingt-cinq de l'après-midi.
c. Il est neuf heures moins le quart. / Il est vingt heures quarante-cinq. / Il est huit heures quarante-cinq du soir.
d. Il est huit heures trente. / Il est huit heures et demie.
e. Il est quatre/seize heures dix.
f. Il est cinq heures cinquante-cinq. / Il est six heures moins cinq.

8 Verbi al presente indicativo:

écouter	finir
j'écoute	je finis
tu écoutes	tu finis
il/elle écoute	il/elle finit
nous écoutons	nous finissons
vous écoutez	vous finissez
ils/elles écoutent	ils/elles finissent
vendre	**être**
je vends	je suis
tu vends	tu es
il/elle vend	il/elle est
nous vendons	nous sommes
vous vendez	vous êtes
ils/elles vendent	ils/elles sont
avoir	**aller**
j'ai	je vais
tu as	tu vas
il/elle a	il/elle va
nous avons	nous allons
vous avez	vous allez
ils/elles ont	ils/elles vont

appeler	prendre
j'appelle	je prends
tu appelles	tu prends
il/elle appelle	il/elle prend
nous appelons	nous prenons
vous appelez	vous prenez
ils/elles appellent	ils/elles prennent
faire	
je fais	
tu fais	
il/elle fait	
nous faisons	
vous faites	
ils/elles font	

9 **a.** Comment t'appelles-tu ? / Comment vous appelez-vous ? **b.** Où habites-tu ? / Où habitez-vous ? **c.** Qui va au musée avec toi ? / Qui va au musée avec vous ? **d.** Quand vient Sophie ? **e.** Combien de chemises as-tu ? / Combien de chemises avez-vous ? **f.** Pourquoi es-tu fatiguée ? / Pourquoi êtes-vous fatiguée ?

10 **a.** Léo a cinq pantalons noirs. **b.** Bérénice a dix chapeaux roses. **c.** Maël a vingt casquettes vertes. **d.** Sasha n'a pas de robe rouge. / Sasha n'a aucune robe rouge. **e.** Colin et Marie ont trois chemises marron. **f.** Tu as sept pyjamas violets.

11 **a.** Caroline est allée au cinéma hier. **b.** Francis a mangé les fraises. **c.** J'ai lu tous les livres. **d.** Ils/Elles ont adoré ce musée. **e.** Vous avez fait vos devoirs. **f.** Ils/Elles ont vendu leur maison.

12 **a.** Chantal et Clément adorent la natation. / Chantal et Clément adorent nager. **b.** Tu n'aimes pas le tennis. / Tu n'aimes pas jouer au tennis. **c.** J'aime la marche. / J'aime marcher. **d.** Nous détestons la gymnastique. / Nous détestons faire de la gymnastique. **e.** Manon aime le rugby. / Manon aime jouer au rugby.

13 **a.** Noël **b.** Pâques **c.** une fête **d.** français **e.** zéro **f.** août **g.** ta mère **h.** une secrétaire **i.** une leçon **j.** bientôt **k.** un vélo **l.** un hôtel **m.** vous êtes **n.** américain **o.** les pâtes

14 **a.** F **b.** F **c.** F **d.** M / P **e.** F **f.** M / P **g.** M **h.** F **i.** M **j.** F / P

15 **le:** salon, garage; **l':** hôtel, entrée; **la:** salle à manger, cuisine; **les:** toilettes, chambres

16 **a.** jolie **b.** heureuse **c.** légère **d.** grande **e.** canadienne **f.** vieille **g.** bonne **h.** amoureuse

17 **a.** Mon **b.** ses **c.** mon **d.** ma **e.** ta **f.** leurs

18 **a.** Nous **b.** J' **c.** J'/Elle/Il **d.** tu **e.** Vous **f.** Ils/Elles

19 **a.** m' **b.** nous **c.** lui **d.** vous **e.** lui **f.** t' **g.** leur

20 **a.** quatrième **b.** vingtième **c.** quatorzième **d.** trente-deuxième **e.** centième **f.** soixantième **g.** douzième

21 **a.** nous laverons **b.** s'habillera **c.** se lèveront **d.** te brosseras **e.** vous réveillerez **f.** me promènerai

Bravissimi, avete completato il quaderno di esercizi! Ora è arrivato il momento di stabilire il livello di conoscenza linguistica raggiunto. Indicate il numero di icone ottenuto al termine di ciascun capitolo. La somma di tutte le icone per colore vi darà il risultato finale!

	😊	😐	😟			😊	😐	😟
1. Alfabeto e pronuncia					11. I vari tipi di frase			
2. Ancora un po' di pronuncia					12. Il passato			
3. Nomi e articoli					13. Parlare del tempo (crono e meteo)			
4. Articoli e pronomi					14. Parlare dello spazio			
5. Gli aggettivi					15. Dare ordini e fare richieste			
6. Il possesso e i gusti personali					16. Il futuro			
7. Il presente					17. Gli avverbi			
8. Numeri e ore					18. Comparativi e superlativi			
9. Ancora sul presente					19. Le congiunzioni			
10. Per... qualche pronome in più					20. Ripasso			

😊 😐 😟

Totale, somma di tutte le icone ....

Avete ottenuto la maggioranza di...

Complimenti!
Padroneggiate la lingua con scioltezza e siete pronti per passare al livello superiore!

Niente male! Ma potete ancora migliorare! Rifate gli esercizi in cui avete incontrato difficoltà dando un'occhiata alle spiegazioni nel capitolo corrispondente!

Riprovate! Siete un po' arrugginiti... Riprendete in mano il quaderno e, prima di rifare gli esercizi, leggete con attenzione ciascun capitolo.

Realizzazione grafica: MediaSarbacane - Lunedit
Immagini d'archivio: Shutterstock, DR

Titolo dell'opera originale:
Workbook French - Beginners
© Assimil France 2018

ISBN: 978-88-85695-41-2   © Assimil Italia 2021

Stampato in Italia - Maggio 2021
Stamperia Artistica Nazionale S.p.A. - Trofarello (TO)